U0717076

中华先贤人物故事汇

孙武

熊剑平　孙辉刚 著

中华书局

图书在版编目(CIP)数据

孙武/熊剑平,孙辉刚著. —北京:中华书局,2022.11(2024.3 重印
(中华先贤人物故事汇)
ISBN 978-7-101-15790-1

Ⅰ.孙… Ⅱ.①熊…②孙… Ⅲ.孙武-生平事迹
Ⅳ.K825.2

中国版本图书馆 CIP 数据核字(2022)第 108959 号

书　名		孙　武
著　者		熊剑平　孙辉刚
丛书名		中华先贤人物故事汇
责任编辑		傅　可
责任印制		管　斌
出版发行		中华书局
		(北京市丰台区太平桥西里 38 号　100073)
		http://www.zhbc.com.cn
		E-mail:zhbc@zhbc.com.cn
印　刷		三河市宏达印刷有限公司
版　次		2022 年 11 月第 1 版
		2024 年 3 月第 2 次印刷
规　格		开本/787×1092 毫米　1/32
		印张 3½　插页 2　字数 50 千字
印　数		3001-5000 册
国际书号		ISBN 978-7-101-15790-1
定　价		18.00 元

出 版 说 明

孔子周游列国，创立儒家学说；张骞出使西域，开辟丝绸之路；书圣王羲之，留下了曲水流觞的佳话；诗仙李白，写下了"举头望明月，低头思故乡"的名篇；王安石为纠正时弊，推行变法；李时珍广集博采，躬亲实践，编撰医药学名著《本草纲目》……

这些杰出的历史人物，有的是在中华民族文明进程中做出过突出贡献、对后世产生过巨大影响的思想家、政治家，有的是对中华优秀传统文化的传承传播发挥过重大作用的文学家、艺术家、科学家，有的是为国家安定统一、民族融合团结和中外文化交流做出过杰出贡献的军事家、外交家……他们为中华民族的繁荣发展做出了伟大的贡献，他们的行为事迹、风范品格为当世楷模，并垂范后世。

他们是中华民族的先贤人物。他们的思想、品德、事迹，是中华优秀传统文化的结晶；他们的故事，是对中华民族的禀赋、特点和气质最生动、最鲜活的阐释；他们的名字，在五千年中华文明史上最为光彩夺目；他们为五千年中华文明史书写了最为光辉灿烂的篇章。

为了解先贤，走近先贤，我们精心组织编写了这套《中华先贤人物故事汇》丛书，以翔实可靠的史料为依据，细腻动人的故事为载体，真实地呈现中华先贤人物的事迹、品格和精神风貌，彰显他们的贡献和功绩，激发人们对国家民族的热爱，对中华文明、中华优秀传统文化的崇敬。

开卷有益，期待这套丛书成为你的良师益友。

目 录

导　读

　　春秋时期是"礼崩乐坏"的动荡时期。周王室的式微，导致列国分治，并引发诸侯争霸。争霸战争愈演愈烈的背景之下，战争观念和战争形式也随之而发生变化。过去以"军礼"来指导与制约战争的现象难得再现，"不擒二毛""不斩黄口"等观念渐遭抛弃，重视"诡诈"的战法得到认可和普遍运用。《汉书·艺文志》载："自春秋至于战国，出奇设伏，变诈之兵并作。"非常简洁地反映了这一情形。尤其是在南方地区，较少受到中原旧军礼束缚，欺敌误敌、示形动敌等诡诈战法因此而能够得到自由发挥。吴、楚、越之间的争霸战争，都有变诈之术充分运用的典型案例。

长于兵学世家的孙武，敏锐地洞察了战争观与作战样式的发展变化，遂致力于兵学理论创新，终于著成《孙子兵法》十三篇。这部兵书重视"诡道之法"的运用，充分研究和探讨了一系列的战争谋略，就此而成为不朽的兵学经典，对中国的历史文化产生了深刻影响。

孙武，后世称孙子，字长卿，春秋末期齐国人。根据司马迁的记载，孙武曾以十三篇兵法拜见吴王阖闾，又以宫女"小试勒兵"，以求得拜将的机会。《史记》中记载，吴王在看到孙武的十三篇兵法之后，知道他是个有本事的人，最终拜孙武为将军。

在经营数年之后，孙武与伍子胥一起率兵伐楚。在攻打楚国的战争中，孙武和伍子胥指挥吴国军队以弱胜强，连战连捷，直捣楚国都城郢都，迫使楚昭王落荒而逃。

吴国此次伐楚获得大胜，一举改变了南方诸侯的争霸格局，吴国在伍子胥和孙武的辅佐之下，渐而成为"北威齐晋、显名诸侯"的霸主。遗憾的是，伍子胥最终沦为悲剧人物，被逼自杀。不知道孙武的命运，是否会随之而受到影响，他的人生究竟是何种结局，也已成为千古之谜。当然，这并不影响《孙子兵法》作为旷世兵典而代代相传。孙武对于军事思想的贡献，永远值得后人铭记。

奔吴

一

陈宣公二十一年（前672）春天，此时正是万物复苏、风和日丽的好时光，宛丘城（今河南周口市）外也已是桃红柳绿，呈现出一派欣欣向荣的景象。没想到此时陈国国主陈宣公忽然动起杀人之念，而且他杀的还不是一般人，正是他的亲骨肉太子御寇。至于杀人的理由，非常简单而又荒唐——宣公想改立宠姬所生之子妫款为继承人。

陈宣公杀害现太子一事立即引起陈国上下一片哗然，更吓着了太子御寇的好友也是其堂兄公子完。公子完本是宣公之兄、陈厉公之子，公子完和御寇一向非常友爱，而他担心此次灾祸会牵连自己，所以立即逃往齐国。

齐国国君齐桓公听说公子完前来避难，对其格外重视，想要任命公子完为卿，没想到被公子完婉言谢绝。后来齐桓公任命他为工正，负责管理百工，陈完没有再拒绝，而且表现得尽职尽责。

齐国大夫齐懿仲非常想把女儿嫁给公子完为妻，为此特意进行了占卜，占卜的结果是："凤皇于蜚，和鸣锵锵。有妫之后，将育于姜。五世其昌，并于正卿。八世之后，莫之与京。"这些话在今天看来有些拗口，但当时的人们都非常明白：公子完的后代会在齐国逐渐兴旺发达，五代之后就能取得正卿那样的地位，八代之后，地位更是无人可比。对此，齐懿仲将信将疑，但更坚定了将女儿嫁给公子完为妻的决心。公子完则欣然接受，并决定改陈氏为田氏，公子完称田完，他打算在齐国长期定居下去。

田家此后确实香火旺盛，而且名人辈出。著名军事家司马穰苴，便是田完的后世子孙之一，此外则还有孙膑，也是一位著名的军事家。其中最著名者，当然要数孙武。因为著述不朽的兵典《孙子兵法》十三篇，孙武在历史上长期享有盛誉。当然，如果单论政治地位，则以田和为高。因为他成功取代了姜姓之齐，使得齐国政权自此归于田氏，史称"田氏代齐"。

一个家族之内出现三位著名军事家，足以令人称奇，更为奇特的是，他们的见解和主张并不相同。尤其是司马穰苴和孙武，他们有些军事主张几乎背道而驰。

在齐景公期间，家族中还出了一个能征善战的高人，名为田书。田书曾奉命伐莒，战争进程同样非常顺利，仗也打得干净利落、漂漂亮亮。因为立下战功，田书受封得到一块封邑，还被齐王赐姓孙。田书因此而改称孙书，后世子孙也自此而改姓。

推算起来，孙武正是田书的孙子，本该叫田武，也就此改变了称呼。

二

出生在兵学世家，孙武自小耳濡目染，始终对军事很感兴趣，取名为"武"，也可以看出长辈对他的期许。虽说当时已有乡野之人参军的现象出现，但贵族当兵仍被视为优良传统。孙家由陈国避难而来，但身体里仍然流淌着陈国贵族的血统。因为有这一重特殊身份，孙家来到齐国后一直受到齐侯礼遇，但终究还是会有寄人篱下之感。长辈们都期待孙武能够精研兵学，苦学武艺，继承贵族遗风，大胆走上战场，立足于实力取胜，维系家族的兴旺。

在这样的家庭里，孙武必须认真学习"六艺"，也就是贵族子弟都需要学习的礼、乐、射、御、书、数这些基本才能，更要对"射""御"格外精通，因为这两项都是必备的军事技能。孙武对这两个科目最感兴趣，学习热情高涨。

孙武这种学习兴趣很快就被长辈所察觉。这正是他们所乐于见到的事情，不免为之感到欣喜。更令他们欣喜的是，孙武并不满足于掌握高超的射、御之技，还对学习兵法、钻研韬略表现出浓厚的兴趣，展现出大将之才的潜质。

孙武认真地学习他所能见到的各类军事典籍，

努力提高自身的军事理论素养。因为出生于兵学世家，他拥有阅读兵书战策的便利条件，《军政》《军志》及古《司马兵法》等，他都进行过认真的研读。孙武一度对"不鼓不成列""不擒二毛"这些战法推崇备至，但是，随着学习的逐步深入，他对这些权威理论也产生了怀疑，甚至表现出离经叛道的迹象。主张"以仁为本"的古《司马兵法》，在孙武眼里逐渐不被看重，甚至成为批判的靶子。

当孙武把自己的若干想法与长辈分享时，着实把他们吓了一跳，其中最主要的分歧就在于对战争的认识，对战争谋略的态度。从旧传统中走出来的众位长辈，都格外看重古《司马兵法》所强调的"以仁为本"，非常重视堂堂之阵，但在孙武看来，这些都违背了战争的本质规律。既然是打仗，必然会用尽手段争夺各种利益，因此战争中必须要设法击败对手，必须要巧妙使用诡诈之法，必须要懂得奇正之术和虚实之术。

一旦得空，孙武就喜欢拉着他们进行讨论。出于爱护的目的，孙武并没有遭到严厉的反驳，但他能明显地感受到扑面而来的质疑。很显然，长辈们并没有被说服。如何把自己关于军事问题的想法系统表达出来，让他们逐渐接受呢？只有拿起笔来。由此开始，孙武渐渐有了著述兵书的念头。

著述显然并非一件容易的事情。长辈们引经据典，频频称赞的那些战争原理，孙武虽在心中充满疑窦，却难以展开系统反驳。要想推翻前人观点，另立新说，不仅需要有真知灼见，还要形成体系。

虽说当时的人们都不喜欢长篇大论，所谓著书立说，其实无须多费时日，但孙武的写作并不顺利。光是一个开篇，孙武就写了无数遍，却始终无法获得实质性进展。

虽说写作遇到了困难，但谈兵论武早已成为孙武乃至整个家族的重要生活方式之一，因此得以经常展开。

"打仗，还是要遵循古军礼的，必须以仁为本。"一旦提及"仁"，就连长辈的目光中也透露出满满的仁爱之情。

"不，战争要遵循战争的本质规律，恰恰不能以仁为本，而应该讲究诡诈。因为战争是关系到国家存亡和民众生死的头等大事，不能和对手讲什么仁义道德。"孙武倔强地回应道，继续坚持己见。

类似这样的辩论，已经进行了无数次，但基本都是无果而终。参与辩论的双方，始终无法说服对方。长辈们无法说服孙武，孙武也无法说服长辈。

兵书写不出，孙武却忽然生出南下奔吴之念，决意要离开齐国，这让家人都感到一丝意外。毕竟田家，此刻也可改称孙家，已经在齐国慢慢地站稳脚跟，呈现出良好的上升势头。

三

齐国在春秋之世始终是一个一流大国。自从齐桓公称霸诸侯之后，齐国在诸侯国之中的地位更是达到了最高点。随着此后晋楚两国的先后崛起，齐国的地位才逐渐衰落，但作为大国的根基尚未动摇。

田氏在齐国的地位蒸蒸日上，由于受到齐景公的恩宠，势力得到更进一步的提升。田乞担任大夫时，开始有意收买民心。他在向老百姓征收赋税时，故意使用小斗收进，借给百姓粮食时却使用大斗，让老百姓能够从中得到实惠，这自然得到了百姓的交口称赞。

齐景公对此并不加以阻止，但晏子却深表担忧。他曾经多次进谏，但齐景公一概置若罔闻。田氏家族由此而越发强大，民心也就此转向田氏。晏子说服不了齐景公，多少还是心怀怨气。他在出使晋国时，私下曾对晋国大夫叔向说："齐国的政权最终要归到田氏的手里啊！"

在这样一个有政治野心的家族中成长，孙武一旦表现出过人的军事才能，必然会受到重视。孙武要想顺利南下，达成奔吴的目标，必然需要面对家族之中诸位长辈的质询。

"你到底是出于什么想法，非得要去吴国？"

"我要到那里发挥我的才学。"

"我们田家在齐国，正处于上升势头，眼下正是用人之际，以你的才学，总能找到用武之地。"

"未必啊！齐国政治黑暗、吏治腐败、赋税繁重，各方势力都在处心积虑地争夺权力，这种互相倾轧之势还会无休无止地持续下去。田家与鲍、国、高、栾等大族相比，并不一定会占据优势，何况互相之间的矛盾已经非常尖锐。看起来是很平静，其实早已暗流涌动啊。"

"那也完全不必离开，即便有危险，也不会在你的头上，你还可以在大树底下乘凉啊！更重要的是，在这里你有更好的环境来潜心研究兵学，也可以更安心地写作兵书。"

提到著作之事，孙武一时语塞。进展如何，只有他自己心中清楚。

尽管没被长辈说服，孙武还是暂时按下南下之念。没想到，突然发生另外一件事，促使孙武迅速下定了离开齐国的决心。这件事就是田穰苴（即司马穰苴）的猝死。

田穰苴是孙武的叔叔一辈，谙熟兵法，善于带兵。对这位"文能附众，武能威敌"的长辈，孙武一贯非常敬重。虽说田穰苴曾击退燕晋联军，因为战功被齐景公尊为大司马，但也很快因为功高而引来厄运。因为受到齐景公的格外器重，他迅速遭到高、国、鲍诸族的妒忌和陷害。各种诬陷从四面八方传到齐景公耳中，令齐景公感到非常不安。

功高震主向来为国君所忌惮，各种流言蜚语，令昏聩的齐景公感到无比惊慌。他立即解除了田穰苴的官职，并剥夺了兵权。这种无妄之灾令田穰苴心情抑郁，竟然在不久之后病故。

田穰苴的病死，给了孙武极大震动，令他进一步看穿了齐国政治的腐朽。他明白，自己留在齐国不仅难有作为，还很有可能会像叔叔田穰苴那样，成为各方势力倾轧斗争的牺牲品。所以，必须要走，到南方去。

可以看出，孙武做出这一决定并非心血来潮，而是经过了深思熟虑。放眼宇内，吴国确实是他最为合适的创业之所。吴国地处东南，北与齐、晋相望，南与越国为邻，西接楚国，东临大海，不仅地域辽阔，而且物产丰富。自寿梦称王以来，吴国势运渐盛。有志之士，正好可以在此发挥才能，建功立业。

孙武更加坚定了志向，做好了南下奔吴的准备。见此情形，家人也不再多加劝阻，只希望他能够找到合适的用武之地。

四

虽说也有挣扎和不舍，也有担心和不安，孙武还是挥泪告别家人，千里迢迢赶往吴国。不为别的，只因南方有未来，也有憧憬。

经过长途跋涉，孙武终于踏上了吴国的土地。到了异国他乡，他忽然意识到自己需要面对的是人地生疏和举目无亲的环境。别说建功立业，就连见到达官权贵的机会都很难觅得。如果贸然前往求见或投靠，很容易被拒绝。到了这时，他开始犹豫了，甚至有点后悔自己当初离家的冒失和冲动。但是，开弓没有回头箭，无论如何，他需要坚持，需要耐心地等待时机。

等待的日子非常折磨人，但也并非完全无所作为，至少他可以把兵书继续写下去。但是这本兵书应该怎么继续，如何拾起被中断的思路，孙武想了又想，还是没有头绪。

然而来到地处江南的吴国之后，人生际遇和周围环境的巨大变化，意外地刺激了孙武，令写作灵感忽然到来。

此时此刻，对于兵书的写作目标，孙武也悄然进行了调整，已经从说服长辈变成了说服吴王。孙武希望吴王能尽早看到他写的兵书，而且必须要一举打动吴王才行！

渐渐地，一部惊天地、泣鬼神的兵书呼之欲出。影响吴国命运，甚至是左右春秋晚期争霸格局的《孙子兵法》，也就此诞生。

等到身心双畅，意兴盎然，孙武凝神静气，开始重新动笔了。不久之后，书稿写成，孙武长出一口气。《孙子兵法》从《计篇》开始，到《用间篇》结尾，总共十三篇，孙武不过用了五千多字。这样的写作规模，一般人都能很快阅读完毕，也能较快领会他的思想主张。长篇大论，怕是只会令人昏昏欲睡，只会被吴王早早扔进垃圾堆中。

当然，到底能不能打动吴王，就只能交给时间来检验了。因为主题的特殊性，书稿还需交给战争实践来检验。孙武迫切地想要为这一套战争理论找到一个合适的战争舞台，帮助他实现建功立业的热望。

完成写作任务后，孙武心情十分愉快，自信心也由此开始而变得更加强烈。但是，兵书如何才能交到吴王之手呢？没有机会，至少眼下没有。当然，孙武并不着急。他必须耐心等待，必须等到合适的时机才行。如果自己贸然求见，效果不好，而且会适得其反。因此，他只能继续认真准备，继续耐心等待……

就在这等待期间，孙武意外结识一位朋友，为他实现人生理想带来了转机。这个人就是鼎鼎大名的伍子胥。

<h2 style="text-align:center">五</h2>

伍子胥，本名伍员，楚国人，因楚国内乱，于公元前522年比孙武先一步来到吴国。当然，他来吴国的原因和孙武很不一样，伍子胥是逃难来的。

当初，伍家因为伍举而发迹。性格直率、敢于直言的伍举，遇到了一代明君楚庄王，因为敢于进谏而受到赏识，伍家也由此受到楚庄王的特别关照。伍家的后代此后在楚国一直都很有地位。没想到的是，到了楚平王时，这种情况发生了天翻地覆的变化。伍子胥的父亲伍奢，因为做了太子建的老师，于楚平五七年（前522）被动地卷入了一场政治内斗。

先是一个叫费无忌的大臣，奉命为太子建张罗婚事，准备迎娶秦国公主。当他看到秦国公主长得漂亮，就怂恿楚平王占为己有。结果楚平王毫不含糊地霸占了未来的儿媳妇。费无忌干了件缺德事，得罪了太子建，还败坏了楚平王的名声，内心也非常害怕。他最担心的是太子建和伍奢报仇，所以就在楚平王面前极力诋毁太子建，污蔑太子谋反。

他对楚平王说："太子因为秦女的原因而生出怨恨情绪。他统率着大军，而且还刻意结交诸侯，欲与伍奢密谋作乱。"

楚平王吓了一大跳，立即就把伍奢召来审问，随即就囚禁起来，同时下令杀死太子建。没想到消息泄露，太子建仓皇潜逃到宋国。

见此情形，费无忌又把目标对准伍家。他对平王说："伍奢的两个儿子都很有才干，不杀掉的话，将成为祸害。"

楚平王立即对伍奢说："把你两个儿子叫来你就能活命，不叫来的话你就必须死。"

伍奢笑了笑，说道："伍尚为人宽厚，他一定能来。伍员则桀骜不驯，一定不会来的。"

楚平王不信，派人去召伍奢的两个儿子，扬言道："来的话，你们的父亲就可以活命。不来的话，就会立即杀死他。"

一切果然如伍奢所料，伍尚立即动身前往郢都。伍子胥不仅不愿动身，还拦住了伍尚，说道："楚王此番召见我们兄弟，只是为了斩草除根，铲除后患。我们一旦去了，就会和父亲一起被杀。那样的话，我们想报仇都没机会了。"

伍尚苦笑："你说的这些道理我也知道，去了也不能保全父亲的性命；但是不去的话，会被天下人耻笑。你快逃走吧，留着机会报这杀父之仇，我只能慷慨赴死，陪父亲去了。"

兄弟二人抱头痛哭一番，伍子胥立即出逃。他听说太子建在宋国，就匆忙赶去。伍奢听说儿子已经出逃，慨叹道："楚国君臣怕是要苦于战火了。"在这之后，伍奢和伍尚果然被杀。

出逃的道路总不会平坦。因为在宋国无法立足，伍子胥只得和太子建一起逃到郑国。没想到郑定公杀死了太子建，伍子胥只好继续出逃。这一次，他选择的是逃往吴国。到了昭关，一条大江拦住了去路。伍子胥正焦急万分，有一渔翁驾船赶来，渡伍子胥过江。过江后，伍子胥解下随身携带宝剑说："这把剑价值百金，只能以此来报答您的救命之恩。"

渔翁谢绝道："按照楚国法令，抓到伍子胥能得粮食五万石、封爵位。面对如此重赏我都没有动心，又怎会要你的财物！"

伍子胥历经了千辛万苦，靠着沿途讨饭，终于到达了吴都。此时，吴国由吴王僚执政，公子光担任将军。伍子胥又想方设法通过公子光的关系联系上了吴王。

好不容易站住脚跟，伍子胥立即想着报仇。他内心埋下了仇恨的火苗，一有机会，伍子胥就劝说吴王伐楚，他对吴王僚说："楚国外强中干，您派公子光去，就可以打败他们。"

没想到公子光表现出一百个不乐意。他迅速劝阻了吴王："楚国目前实力强大，轻易不要和他们发起战争。那个伍子胥，是因为亲人被楚王杀死，

伍子胥解下佩剑赠予渔翁，渔翁坚辞不受。

所以才竭力怂恿大王出兵攻打楚国，这其实是为了借吴国的力量来报他的私仇啊。大王千万要想明白，这个时候想和楚国人决战，那一定是打不赢的。"

眼看自己的心思被公子光点破，伍子胥不敢再劝说吴王出兵伐楚。但他知道公子光是个有野心的人，隐约感觉他有杀死吴王僚而自立的野心，于是向公子光推荐了勇士专诸。随后，他匆忙离开朝廷，跑到乡下种地去了。

六

姑苏城外，草长莺飞。孙武和伍子胥这两位天才的军事家终于碰面了。

伍子胥："听说你也是逃难来的？"

孙武："你信吗？"

伍子胥笑了："我不信。"

"为什么？"

"不是所有人都像我这样，满怀仇恨。何况你的家族在齐国的地位正在逐步上升，不必为自己的处境担忧。"说到这里，当初逃难的种种艰辛又在脑海中浮现，伍子胥的神情瞬间变得凝重而又可怕。

短暂的尴尬之后，孙武叹了一口气："是的，我和你不一样。我没有仇恨，我来这里，只是想实现自己的理想和抱负。"

"那么，你凭什么打动吴王？"

"我写好了十三篇兵法。如有可能，请帮我呈递。"

"好，没问题。军事问题，我也略知一二，正想向先生请教。"

"我在齐地长大，先生在楚地出生，在观点上也许会发生冲突。但是，如果是讨论军事问题，我一定知无不言，言无不尽。"

"北方中原一贯崇尚礼乐，打仗的时候也讲究堂堂之阵，要求'不擒二毛''不斩黄口'这些，然而……"

"然而这一切都已经过时了，先生是这意思吗？"还没等到伍子胥说完，孙武接过话茬。

"对啊！"

"我也这么认为。先生请看，我所写兵法，首先就强调了'兵者诡道'，其次又强调'兵以诈立'，我也明确反对按照古军礼那一套去行兵打仗，因为这些内容确实过时了。"

说到这里，宋襄公的故事几乎同时从二人心头飘过。

宋襄公的故事，坊间一直流传。这位仁兄指挥过一场著名的战争叫泓之战，在宋国和楚国之间展开。当时，楚军渡河到了一半时，手下人劝宋襄公发兵攻打，遭到宋襄公批评，说这时候攻击对手非常不合仁义。等楚军队完全渡河还未来得及列好阵势，手下再次劝宋襄公下令攻击，结果宋襄公以"不鼓不成列"为由表示反对。等楚军列阵完毕，宋襄公下令发起攻击，结果被楚军打得落花流水。人家已经准备好了，宋军根本不是对手。不仅是宋军吃了败仗，宋襄公也在战争中受了重伤。

孙武迅速从回忆中摆脱出来，面带微笑对伍子胥说："你们楚国人打仗，就不太讲究这些规矩。"

"不只是我们楚国人不讲究，吴国、越国都不讲究这些。如果你的兵书能大胆丢弃古军礼，不再是以仁为本，吴王也许能看得进去。"

"当然是与不合时宜的古军礼告别。写作十三篇兵法，我的目标就是打动吴王，并且能够有用武之地，把这一套兵法付诸实践。"

"既然如此，我一定代为呈递！"

"但是，我的目标，就是带领吴军打败强大的楚军，帮助吴王在乱世之中崛起。楚国，可是你的父母之邦啊。"

没想到，提起楚国伍子胥立即愤然作色。只见他腾地站起身来，猛地一拍桌子，厉声说道："楚王杀我父兄，我与他有着不共戴天之仇，我恨不得立即率领吴军杀回楚国，以解我心头之恨！"

"先生息怒！"孙武连忙也站起身来："既然先生有此愿望，正与孙武不谋而合，希望我们能够愉快地合作。"

"好！希望先生有妙计教我。我一定尽快将先生的大作代呈吴王，希望先生有机会大展宏图。"

孙武继续说道："我认为战争虽然可以追逐利益，也是争霸的利器，却也要掌握好原则才行。"

"那么，先生所秉持的原则是什么？"

"非利不动，非得不用，非危不战。战争是国之大事，关系到民众的生死和国家的存亡，必须要慎之又慎。也就是说，必须要能在战争中得利，必须占据有利条件，必须是迫不得已才可以发起战争。"

"先生说得很有道理，我好像没法反驳。"

"我知道你所想的和我不一样。战争在你眼里，也许只是用来复仇的工具。"

伍子胥笑而不语。两个异乡客，因为不同的人生际遇来到吴国，有着相似的目标，不免会惺惺相惜，互相引为知己。虽说偶尔会发生分歧，也会不时展开辩论，但尚且会为对方保留余地。

不管如何，这二人一旦联手，不只是吴国政坛将会掀起一番风浪，楚国也如伍奢所预料的那样，必将会苦于战火。

吴宫教战

一

　　和伍子胥一样，孙武也在暗中窥探着吴国政坛的种种变化。山雨欲来风满楼，吴国政坛虽然同样是变幻莫测，但孙武多少也会有所体察。一旦发生变故，非但伍子胥的前途会受到影响，自己的命运也同样会受牵连。阴晴难定的日子里，孙武和伍子胥一样，都需要耐心等待。

　　公子光正是吴国政坛发生变故的根源。因为他不仅很有能力，而且很有想法。伍子胥和孙武都命中注定要和这个人发生联系。

　　公子光首先是在战场上证明了自己的军事才

能。楚平王十年（前519），吴国和楚国之间发生了一次大战，而引发这次战争的却是几片桑叶。

当时，楚国和吴国接壤的边境都以养蚕为业。养蚕必然离不开桑叶，种植桑树是养蚕的必需。非常凑巧的是，有一颗桑树恰好长在了边境线上，两边都可以够着。两边的妇女都想多采一些桑叶，结果引发了冲突，相互撕打起来。吴国这边的地方官生气了，于是就出动了军队。楚王听到之后，同样非常生气。愤怒之下，他立即下令出兵，战争就这样爆发了，而且逐步升级。因为几片桑叶，两国发生了流血冲突，而且事情越闹越大，变得不可收拾。吴王听到消息之后，丝毫不敢怠慢，立即派出公子光领兵攻打楚国。

虽说兵力不占优势，但公子光的指挥明显胜出一筹。他进退有据，在接连攻克楚国的钟离和居巢之后，公子光并不恋战，果断收兵。楚军由此而领教了吴军的战斗力和公子光的指挥能力。楚王因此而心存畏惧，于是命令工匠紧急对郢都的城墙进行加固。

公子光在战争中证明了自己的军事才能，也想在政坛展示自己的政治才能。一切正如伍子胥所料，公子光果然想着弑君自立。

因为进行了成功的预判，伍子胥这次站对了队伍。他除了主动为公子光出谋划策之外，还极力推荐了勇士专诸。这位勇士在刺杀吴王僚的过程中发挥了关键作用。

楚平王十三年（前515，吴王僚十二年）四月丙子日，趁着吴王僚心情高兴之际，公子光邀请他来到自己家中吃鱼。为了置办好酒席，公子光可谓煞费苦心，他迎合吴王僚的喜好，精心挑选了厨师和舞姬。

吴王僚虽然同意赴约，但也有所防备。他将卫兵从王宫一直排到公子光的家中，可谓密如蛛网，没想到还是丢了性命。专诸事先将锋利的匕首藏在了鱼肚之中。在筵席之上，他借着献鱼的机会拔出匕首，成功刺死了吴王僚，而专诸随即便被吴王僚的卫队砍成了肉酱，但群龙无首的卫队很快就被公子光驱散。此后，公子光自立为国君，这就是吴王阖闾。

阖闾不仅韬略过人，而且雄心勃勃。在夺位成功后，阖闾首先是稳定国内形势，清剿吴王僚的残余势力，同时立即着手变革图强，为争霸天下做着积极准备。

分析了吴国所处形势，阖闾并不乐观。吴国西有强楚胁迫，南有越国掣肘，北与齐、晋等强国为邻。在这种情况下，吴国要想实现争霸天下的大业并不是一件容易的事情，但阖闾决心一试。他一面努力发展生产，增强国力，一面选贤任能，广揽人才。

在诸侯争霸的格局中，必须要找到合适的领兵之才，这是吴王最为关心的头等大事。

受到感召，伍子胥决定告别隐居生活，出山辅佐阖闾，与吴王共谋兴国大计。在夺位过程中，伍子胥立下奇功，令阖闾对其另眼相看。但吴王深知，伍子胥并不是最合适的人选。伍子胥虽为将才，但他与楚王之间有着杀父之仇，担心他如果因为报仇心切而丧失理智，必将会耽误大事。因此，他必须找到更理想的统兵人选。公元前512年，吴王阖闾政变登上王位的第三年，伍子胥向阖闾郑重推荐了孙武，也将孙武所著十三篇兵法呈递了上去。

二

　　因为伍子胥的推荐，孙武也有机会被阖闾召见和重用。得知孙武出自将门之后，又亲手著成兵书，阖闾自然不敢小觑，迫不及待地展开兵书阅读。刚刚读了一个开头，阖闾便已经被深深吸引。孙武首先是强调战争是大事，是安国全军之道，必须要慎重考察。这一点，立即赢得了阖闾的首肯。

　　很显然，读到十三篇的第一篇《计篇》时，阖闾就已经被深深打动。打动吴王的，除了孙武对战争出色的谋划之外，更有他对战争的认识。孙武说"兵者，诡道"，更是说到了阖闾的心坎之上。战争玩的当然就是诡诈的战法，必须使用一些诡计才行。阖闾读到这里，不禁怦然心动。这种战争观，与吴王以往所看到的战争，以及他所看到的那些兵书完全不同，可谓真知灼见。此后，每读罢一篇，阖闾都会在内心暗自赞叹，十三篇兵法的深刻与精妙，都令阖闾情不自禁地啧啧称赞。

　　花了不多的时间，阖闾便一口气读完了十三篇兵法。他为之击节叫好，同时也有意犹未尽之感。

此刻，他已经意识到这兵书的作者必定是非同寻常，但究竟是不是自己梦寐以求的统兵帅才，心头尚存疑虑。于是，他迫不及待地要召见伍子胥。

"孙武所写的兵书，我已经看了，写得确实不错。但是，兵书上写得头头是道，是不是真的就是他的见解，是不是能够运用到实战中去，必须还要加以考察。"

"大王当然要认真考察才是。孙武是难得一遇的帅才，希望大王能够委以重任。"

沉思片刻，阖闾吩咐道："寡人想立即见见这位孙先生，至于是否委以重任，还是等见面之后再说吧。"

伍子胥按捺不住喜悦之情，飞速赶往孙武的住处。

"放心，吴王必定大有相见恨晚之感。先生一定会获得重用的！"

"不一定啊！吴王既然要见面，其实就是等于要亲自考察我的才能。许多事情怕是都需要在见面之后才能决定的。"

"既然如此，这次见面，还是要慎重对待，必须要认真准备才行。先生有把握吗？"

"不敢说有把握，只能见机行事吧。我猜想吴王一定不会喜欢循规蹈矩之人。他既然心存大志，一定不喜欢被那些陈规陋俗给束缚住。所以，一切都有可能。"

三

一切如孙武所料，与吴王阖闾的这次会面并不顺利。

阖闾用心寻访的是能够辅佐自己争霸诸侯的得力助手，需要的是帅才，当然不会只凭借几千字的兵书就轻易相信孙武。恰恰相反，他在阅读了十三篇兵法之后，对孙武充满了更多期待，因此更要认真考察。他决定为孙武设置一次非常特别的面试，以便进一步了解他的实际带兵能力。

孙武按照约定时间来到吴宫。落座之后，阖闾按照平常的待客之道和孙武寒暄起来。

阖闾微笑着地对孙武说："先生所写的十三篇兵法，寡人已经拜读了，写得很好。"

受到如此肯定，孙武连忙起身道谢，而且表示出诚惶诚恐的态度，说道："希望大王多多赐教。"

"寡人其实非常喜欢探讨军事问题，先生也非常精通这些，可以就此请教一二吗？寡人并没什么别的爱好，就是喜欢打仗啊！"

吴王试着用共同的兴趣和爱好来和孙武套近乎，没想到的是，孙武的回答却出乎阖闾的意料。孙武并没有顺着吴王指定的台阶往上走，没有和他继续探讨共同爱好，而是给了吴王一番不冷不热的训诫，结结实实地呛了吴王一口。

孙武说道："战争固然是用来追求利益的，但也不要太过热爱。因为它非比儿戏啊！大王如果当成是热衷的爱好，用游戏的态度来问我，那我可不敢和你多说什么了！"

吴王是何等聪明之人，他立即就明白了孙武的意思：这小子大老远跑到这里，难不成是为了教训我？他随即就收起强堆的笑脸，收回了各种假客套，亮出他吴王的身份，至少是要给孙武一个下马威。

只见阖闾对孙武说："寡人并不懂得什么高深

的政治道理，也不敢使用这种方法来追求利益。"不轻不重地说了几句之后，吴王告诉孙武说："先生那十三篇兵书写得挺好，但是寡人很想知道先生是不是真的可以带兵。"

到了此刻，怀疑态度已经大块大块地堆在吴王的脸上，谁都可以看得非常清楚。是的，兵书写得天花乱坠的，但不代表你有实际带兵能力。到底有没有能力，还是要经过检验才行。

面对吴王所发出的态度强硬的挑战，孙武毫不含糊："当然可以，而且完全按照大王您的意愿来进行，选用什么样的人来做试验，那都没关系，不论是高贵的还是低贱的。"

没想到的是，阖闾顿时就来了精神，他似笑非笑道："先生您看，我后宫佳丽这么多，您就用她们来组织训练吧，看看结果到底如何！"

孙武没想到吴王给出了这样的测试，顿时让他有些后悔，孙武急忙辩解道："大王，用您心爱的宫女作为训练对象我于心不忍，还是请大王换人吧！"

然而吴王坚决不让孙武反悔。

阖闾随即下令，将宫中能派出的美女共一百

八十人都叫出来，交给孙武进行组织训练。

四

看到阖闾的态度如此坚决，孙武退无可退，只能硬着头皮展开训练。

既然已经退无可退，孙武必须要拿出平生所学，努力地证明自己。

孙武首先是选好了训练场地，也挑选好了助手，尤其是对执行军法的助手进行认真交代，给他们布置了任务，明确了职责。等一切都准备就绪之后，孙武对吴王说："军阵还没演练好，大王您可以先安坐高台之上，等到训练完成了，这些人就可以任由大王来驱使。"

吴王高兴地说道："好啊！"高台之上，视野开阔，他正好可以观看演练。

等到吴王离开之后，孙武把娇弱的宫女们分为左右两队，并指定吴王最宠爱的两位美姬担任队长，再次命令助手帮助督促训练，执行军法。

一切安排就绪，孙武登上了临时搭建的指挥

台，向众宫女们严肃地宣讲操练要领。他问宫女：
"你们都知道自己的前心、后背、左手和右手吗？"

宫女们齐声回答道："知道。"

孙武很满意，说道："很好。当听到喊'向前'，就朝着心所对的方向前进；当听到喊'向左'，就朝着左手方向前进；当听到喊'向右'，就朝着右手方向前进……都听明白了吗？"

宫女们都齐声表态："听明白了！"

面对毫无军事基础的宫女，孙武只能组织最基本的队列动作或最简单的作战阵型。但这些训练内容最讲究纪律，要想练好也不是易事。是的，纪律最重要，没有规矩不成方圆。因此，孙武再次申明军法："命令发出后，不听命令的话，一律斩首。"

等所有的准备工作都做好之后，孙武宣布训练正式开始。他擂鼓命令众宫女"前进"，结果让人大跌眼镜。只见宫女们笑成一团，前仰后合，全都不听号令，训练场上已经是鸡毛炒韭菜——乱七八糟。孙武只得宣布训练暂停，然后强忍怒火说道："这次怪我，我把规定讲得不够明确，你们对法令也还不够熟悉，姑且放过你们。"

接下来，孙武将军法和操练要领再次仔细交代一遍。没想到的是，宫女们依旧是不听从命令，嬉笑不止，还是完全没把训练当回事。

到了这时候，孙武彻底怒了。只见他迅速召集起宫女，严厉地训斥道："规定不明确，交代不清楚，那是我为将者的责任。现在，军纪、军法这些已经宣布了，大家都明白，训练内容我也是三令五申。在这种情况下，你们仍然不执行命令，我就必须要追责。你们都别怪我翻脸无情。"

接下来，孙武二话不说，毅然决然地要杀左右两队的队长。这两位队长，正是吴王最宠爱的两位妃子，岂能随意就杀。但是，此时的孙武已经完全不再顾及妃子的身份、吴王的身份，以及自己的身份。他不想因为吴王而改变自己的行事风格，更不能因此而坏了军法。

吴王阖闾正端坐在高台之上惬意地看戏，一副置身局外的架势。忽然之间，他看到孙武要杀自己的爱妃，不由得大吃一惊，顿时觉得这游戏不好玩了。他急忙派出人给孙武传达命令："我已经知道将军很会用兵了，就不要杀人了。我要是没了这两

孙武对吴王的两位妃子执行了军法。

个美妃，吃起饭来都不香，睡起觉来也会不踏实，希望先生一定不要杀了她们。"

然而，孙武展示了他的强硬和骨气，他不卑不亢地回答说："将在军，君命有所不受。"

这是一句惊世骇俗的名言，阖闾非常明白其中意味着什么。在军中执行任务，即便是国君的命令，也可以不接受。早些年，司马穰苴就曾这么说过，然后果断地把齐景公派出的监军给杀了。眼下孙武也在强调这一句，认为是受吴王之命行事，而且满脸都写着强硬，难不成，两位美妃也是非杀不可吗？吴王感到非常着急。

果然，一番劝阻遭到失败，孙武还是执意杀死了两位队长，随即又按顺序任用两队的第二人为队长，继续组织训练。

拒绝听从吴王的命令，无异于太岁爷头上动土。孙武展示了个性，即便是国君的命令，也公然违抗。亲眼看到孙武六亲不认，吴王说话都不管用，宫女们都变乖了。在这之后，孙武再次击鼓发令，不论是向左向右、向前向后，还是跪倒、站起，她们都完全遵守号令，严格遵守纪律，再没谁敢嬉笑打闹。

不久之后，训练结束，孙武派人向吴王报告说："队伍已经训练好了，大王可以过来检验了。眼下这支队伍，人人都是勇猛的战士，任凭大王使用，即便赴汤蹈火，也不会退缩的。"

但是，此时的吴王，内心早已是翻江倒海，五味杂陈。失去两位美妃，他的心情非常糟糕，但他前面和孙武已经有过约定，还不便轻易发怒，只好勉强地回答说："行了行了，我知道先生很有本事了，回你的住所休息去吧。队伍训练得再好，我也不想去看了。"

见此情形，孙武心头略微产生一丝悔意。他感叹道："大王看来只是欣赏我的兵书，只是嘴巴上说一说爱惜人才这些套话，并不能真的兑现啊。"他只能这么闷闷不乐地发了几句牢骚，然后解散了宫女，略带失落地走出了吴宫。

五

阖闾本想通过训练宫女进一步深入考察孙武的

带兵能力，没想到却因此而搭进去两位宠妃的性命，因此一连几天都感到闷闷不乐，内心甚至无数次升腾起愤怒的火焰。在他看来，孙武虽然展示了很强的带兵能力，但做事过于较真，甚至完全没有把他放在眼里。只此一条理由，就可以让他发出逐客令，早点让孙武卷铺盖走人。可是转念一想，孙武的确是一位难得一遇的帅才。正可谓"千军易得，一将难求"，这样的帅才，正是自己所要招揽的对象。要实现争霸天下的夙愿，还真的不能怠慢了孙武。这样想着，逐客令始终没有发出。

作为推荐人的伍子胥，将这一切都看在眼里。他显然察觉出吴王内心的万丈怒火，但也能够感受到吴王的惜才之心。眼看局面已成骑虎难下之势，他必须主动入宫。

"下臣是来请罪的。"

"你何罪之有？"

"孙武是我推荐的，所作所为冒犯了大王，下臣自然有罪。"

"以我的脾气，真想马上杀了他，至少也要立即赶出吴国。"

伍子胥语调更加温和地说道："下臣听说，如果不能严肃执行军纪和军法，就无法造就强大的军队。孙武之所以杀人，也是形势所迫，是为了整肃军纪。大王胸怀称霸天下之志，始终求贤若渴，因此才会有众多贤能之才俯首归附。但是孙武这样的人才，终究属于难得一遇。如果不起用孙武，怕是没有比他更合适的人选了。吴国这里不被重用，他会去别处的。"

阖闾毕竟是一位雄霸之主，一直希望实现自己的宏大志向，此刻伍子胥的开导和劝谏，立即让他茅塞顿开。他决定摒弃前嫌，留下这位旷世奇才。

很快，吴王和孙武重新见面，气氛已经有所缓和。看到吴王已经和颜悦色，孙武放下心来。他先是当面向吴王表示道歉，接着便耐心解释了斩杀美姬的原因："平时养成严格的纪律，是将帅的基本带兵之道。只有平时严格执行纪律，在三军之中树立威信，才能率领他们迎敌作战。"

孙武所说的这些道理，作为长期带兵打仗的吴王，内心其实非常清楚。此刻，孙武的诚恳与率真，让阖闾曾经的愤怒化为乌有。到了这时候，吴王更加清楚地了解到孙武的无畏精神，尤其是对陈规陋俗的突破精神，于是最终下定决心，任命孙武为将军。

虽说经过一番波折，孙武还是为阖闾的宽容和豁达所折服，于是欣然领命，希望能报答吴王的知遇之恩。

定下伐楚大计

一

　　吴宫之中，受过惊吓的宫女依旧在忙碌穿梭。虽说一切都已重归平静，但当宫女们突然又看到孙武出现时，仍然不由得各自心惊。她们不明白大王这是怎么了，为什么又把孙武这个杀人魔王给请了回来。

　　是的，孙武不仅是被请回来了，而且还被封为将军。此后，他还经常出现在吴宫，和吴王共进美食，把酒临风。

　　有时候，伍子胥也在受邀之列。吴王对孙、伍二人都格外器重，视为左膀右臂，经常和他们一起谋划治国大计。他们经常探讨和总结古代帝王治国平天下的经验，结合当时各诸侯治国的教训，总结治国之术，分析其中利弊得失。

对于战争，他们都不陌生，不仅会在一起深入探讨战略战术，也会共同商讨军事。

有一次，阖闾和孙武谈起治军之道。

"'君命有所不受'，将军初次提起时，我并不能接受，感觉是在要挟我，而且还杀了我的宠妃，让我感到非常愤怒。"

"可您最终还是原谅了我，这说明我本来就不是要挟，这一点也为大王所体察和理解。这只是特定场合才能采取的权宜之计啊！"

说到这里，孙武笑了，吴王也笑了。

"那么以后，人们是不是因此而找到了防止国君干预军事的钥匙？"

"不能。"孙武坚定地说到，"事实上，我在兵书中还强调了途有所不由，军有所不击，城有所不攻，地有所不争。君命有所不受，只是其中一部分。战争发起，必须要有变术，行军道路、进攻对象等都要有所选择和变化，不能始终按套路出牌，否则就无法获得胜利。'君命有所不受'，虽然是不服从君主，但也有前提条件。"

"这个前提条件就是'将在军'？"

"是的。所以，我没有故意挑战大王的权威啊。在军营之内，治军诸事还是由将军做主，必须要给他们充分的权力。"

"这也是我能最终接受和谅解先生的原因。通过训练宫女，先生展示了治军能力。"

二人继续谈论治军之道。孙武侃侃而谈，又向阖闾介绍黄帝征伐赤帝的历史经验："远古之时，黄帝坐镇中央位置，已经雄踞要津。但是，当时也有四恶危害四方，祸害天下。黄帝看到这一局面，决心拯救民众于水火之中，努力使得天下归于太平。他的方法非常独到，而且颇值得借鉴。黄帝首先是注意与民休息，让民众得利，同时也广积粮谷，并大量赦免罪犯，由此而占据了天时、地利和人和这三方面优势。在这之后，他才下令大兴义师，南伐赤帝、东伐青帝、北伐黑帝、西伐白帝，先后击败了这些强敌，也由此赢得了四方拥戴，可谓天下归心。后来，商汤灭夏桀，占据九州，同样注意顺从民心；周武王也是遵循吊民伐罪的原则，才能成功铲除商纣王，使得四海归一。他们之所以能做到无往而不胜，全都是因为策略得到，既得天之道，又得地之利，同时尤其注意得民之情，因此可称为后世君主仿效的典范。"

阖闾听了孙武的这一大段议论之后，深以为然，从中领悟到不少治军和平天下的道理。

二

在论兵之外，吴王也会兴致勃勃地拉着孙武讨论治国之道。

吴王问孙武："依将军高见，影响战争的重要因素可以分为道、天、地、将、法。这五者之中，又以道为第一。是这个意思吗？"

"是的。道，就是努力使得民众的想法能够与君主保持一致，同时也要努力实现上下同欲。只有大家都能保持心往一处想，才能打胜仗。"

"将军所言极是。"

二人的谈话越来越深入，从军事谈到政治，再从政治谈到经济民生，谈着谈着话题便来到了晋国。晋国长期占据着中原霸主的地位，举手投足都会对诸侯格局产生重要影响。此时，晋国国君已经无法掌控局面，国内政坛正暗流涌动。国君说话不好使了，反倒是执政大夫说了算。因此，几个大家族都跃跃欲试，都希望能够成为晋国的主宰者。

由于晋国的局面混沌不清，阖闾非常想知道孙武的看法，便询问道："晋国政坛大权实际上已经被范、中行、智、韩、魏、赵这六个世卿所掌握，各自占据势力范围，相互之间你争我夺。依将军之见，这六卿之中谁先败亡，谁会真正强盛起来，成为真正的赢家？"

孙武对晋国局势也有跟踪和观察，他立即给出了自己的判断："这六卿之中，范氏和中行氏这两家会最先败亡。"

阖闾随即追问道："将军是根据什么做出这一判断呢？"

孙武从容地回答道："我是根据六卿亩制的大小，考察各自收取租赋的多少，以及士卒多寡、官吏贪廉等情况来做出判断的。这几大家族中，范氏和中行两氏是以八十步为畹，以一百六十步为亩。晋国六卿之中，就数这两家的亩制最小。不仅如此，他们收取的租税却是最重的。总共是十分，他们抽去了五分，已经占了一半，这个比例显然太高。如果公家的赋敛过重，统治者过于贪婪无度，民众走投无路，只能转而葬身沟壑。如果官吏众多而且骄奢淫逸，养着规模庞大的军队而且屡屡兴兵，情况自然会变得更加糟糕。长此以往，民众必定难堪重负，必然导致众叛亲离，国家也很容易土崩瓦解。"

这些分析显然切中要害，阖闾聚精会神地听着，不由得暗暗点头称是。吴王其实也非常关心其他几个家族的命运，于是接着问道："在范氏和中行氏败亡之后，又该轮到哪一家陷入危境呢？"

"我们其实可以根据同样的道理进行推演。在我看来，下一个倒霉的就要轮到智氏。因为智氏所用亩制，只比范氏和中行氏稍大一些。他是以九十步为畹，一百八十步为亩，但租税同样非常苛重。和范氏一样，他们也是十抽其五。这么看来，智氏与范氏、中行氏的病根几乎一模一样，都是亩小而税重，公家非常富有，但人民非常困穷，而且吏众兵多，主骄臣奢，既好大喜功，又穷兵黩武，因此智氏最终只能重蹈范氏和中行氏的覆辙。"

听完孙武的分析，阖闾不由自主地再次暗自点头，但他的问题并没有就此结束，而是继续发问："在智氏败亡之后，下一个走入绝境的该是谁？"

只见孙武不慌不忙地回答道："那就该轮到韩和魏两家了。这两家都是以一百步为畹，两百步为亩，但税率同样还是十分抽五。他们的病根和前面几家也有相似之处，都是亩小而税重。因为公家聚敛过度，官兵众多而且急功近利，因此便导致民众过于贫困。只是因为他们的亩制稍大一些，民众的负担相对稍轻，因此而能够多苟延残喘一段时间，拖到前面三家之后败亡。"

"那么，在将军看来，莫非赵氏……"

孙武料想吴王会继续发问，接着说道："赵氏家族的情况，与上述五家有着很大的不同。在六卿之中，赵氏的亩制是最大的。他们是以一百二十步为畹，二百四十步为亩。不仅如此，他们征收租赋一直较为合理，从不过分。因为保持亩大而且税轻，公家取民有度，从不过分骄奢，官兵数量少，因此民众负担不重，尚且能够保持温饱，能够生存下去。按照常理，施行苛政会失去民心，推行宽政就会得到民心。既然赵氏一直注意推行宽仁之政，必然会保持兴旺发达。从这个角度来看，晋国的政权最终怕是会落入赵氏之手。"

从范氏到中行氏，再到智氏和赵氏，孙武对晋国六卿挨个进行了点评，对他们的兴亡和盛衰都给予了独到的分析。阖闾始终听得饶有兴趣，而且显然有所触动，深受启发。只见阖闾连声称善，感慨道："看来王者是掌握了成功之道，这种成功之道的秘诀就在于厚爱民众，争取到人心啊！"

孙武对晋国政坛走向的分析，此后大多得到历史的验证，范氏、中行氏、智氏先后灭亡。当然，也有说错的地方，晋国并非最终归于赵氏，而是一分为三，成为韩、赵、魏三国鼎立之势，但历史发展的总体大势还是被孙武所洞察。重视田制、税赋，重视民心向背，由这一角度出发，分析战争的成败，这一思路对吴王有很重要的启发。阖闾对孙武的论断非常赞同，而孙武在吴王心目中的地位也变得越来越高，逐渐从幕后走到台前，扮演起越来越重要的角色。

三

那边孙武和吴王正谈兵论武，伍子胥这边也没闲着。他始终密切关注着楚国的政治走向，楚国的一举一动都不肯放过。逃到吴国之后，伍子胥发誓要替父亲和哥哥报仇，但他孤身一人，力量显然不够。要想报仇，他就只能借用吴国的力量，劝说吴王出兵伐楚。

吴国的力量可以借用吗？伍子胥在内心询问了无数次，每次他都会焦急地给自己一个满意的答案：可以。

确实是可以。这其实与当时吴楚争霸的战略形势有关。

事实上，孙武之所以南下奔吴，选择吴国作为建功立业之所，其实也对当时的诸侯争霸的格局进行过认真分析。

到了春秋晚期，诸侯争霸的格局已经和中前期发生了很大变化。齐国早已成为明日黄花，晋国也正处于没落的边缘。大国之中只剩下一个楚国，但也正走向衰落。楚国一度是和晋国长期争霸的头等大国，即便是已经有所衰落，但也如同百足之虫，并不会被吴国轻易打败。

楚国不容易被打败，但吴王如果想打败各路诸侯，成就霸业，就必须要首先面对楚国，向楚国发起终极挑战。

阖闾在夺得国君之位后，也曾认真进行过分析，对这种格局也非常清楚，楚国是他称霸宇内的一块绊脚石，一定要搬开它才行。

吴、楚两国之间，长期互相攻伐，双方互有胜负。前期楚国更为强势，但随着国势的衰落，吴国渐渐占据上风，展示出咄咄逼人的态势。看到吴国呈现崛起之势，楚国设法拉拢越国，从侧后方对其形成威胁。吴国的崛起，也令齐、鲁等国感到不安，纷纷对其施压。为了摆脱多面受敌的险境，阖闾必须慎重决策，选定合理的进攻方向。选来选去，楚国仍然是首选目标。打败楚国，越国自然会臣服。打败楚国，才能寻求继续向北前进的机会。

吴王、孙武、伍子胥，虽然各自都有小算盘，但共同目标都指向了楚国，必须要把楚国掀翻才行。至于南边的邻居越国，其实也不容忽视，但眼下尚且没有对吴国构成实质性威胁。因此，楚国才是当面之大敌。

虽说三人有着共同的目标，但急于出头的，是伍子胥。与之相比，孙武则相对沉稳。吴王需要做最终拍板，大事面前需要沉得住气，但战争决策这些，无疑会受到孙武和伍子胥的影响。

四

阖闾即位的当年，就任命伍子胥为行人，二人因此经常有机会在一起讨论国政。就在这一年，楚王杀死了大臣伯州犁，他的孙子伯嚭被迫逃亡吴国。伍子胥与伯嚭并无私交，但遭遇非常相似，都是因为亲人被杀而被迫从楚国出逃，而且都是选择吴国避难。也许是出于同病相怜的原因，伍子胥向阖闾推荐了伯嚭。阖闾毫不犹豫地任命伯嚭为大夫。

由于楚国和吴国存在这种特殊的敌对关系，吴国成为楚国大臣的避难之地。反过来，楚国也成为吴国的犯罪臣民的逃难之所。吴国利用伍子胥和伯嚭来向楚国发难，楚国也会利用逃亡的吴国公子来对抗吴国。

　　楚平王去世时，吴王僚曾趁着楚国办丧事的机会，派出烛庸和盖余两位公子领兵袭击楚国。没想到的是，楚国迅速出兵切断了吴军的后路，使得吴国两位公子无法回国。不久之后，两位公子听说阖闾杀死吴王僚自立为王的消息，于是率军投降楚国。楚国对此求之不得，立即将舒地封给他们，利用他们来对抗吴国。这一局面自然会令阖闾感到非常不安，他随即下令伍子胥、伯嚭共同领兵征伐楚国。吴军进展顺利，很久就攻占了舒邑，并杀死逃亡的公子盖余和烛庸，也就此解除了阖闾的心头大患。楚人试图使用吴人抵御吴军的计划，至此宣告失败。

　　看到作战计划得以顺利实施，阖闾对楚军的战斗力也有了直观感受。在他看来，楚军并非想象中的那么强大，因此决定顺势进攻楚国的郢都。

对于阖闾的这一决定，身为领兵主将的伍子胥当然极力赞成。没想到就在此时，孙武站了出来，及时对阖闾进行了劝阻。他对阖闾说道："军队连续征战，已经非常疲劳。眼下这时候，显然不能发力攻打郢都，还要耐心等待一段时间，等时机成熟了再说。"

伍子胥主张前进，孙武主张后撤，明显存在着分歧。吴王本来倾向于继续进攻，但在听了孙武这番劝告之后，随即下令收兵回国。在伍子胥和孙武之间，阖闾选择的是信任后者。

当然，半途撤军无疑会让急于求战的伍子胥大感失望：血海深仇，何时能报啊？但他现在也只能忍耐。

究竟是进是退，何时进何时退，孙武和伍子胥此时表现出的是完全不同的态度。这其实是他们心态所决定。

孙武非常清楚，伐楚并不是一件容易的事情。这必然是一场生死大战，是一个系统而庞大的工程，需要做大量的前期准备工作，需要有周密的筹划。楚国非常强大，一旦失败，等待吴王的就是难以下咽的苦果。因此，孙武对于伐楚，虽说也是积极赞同，但态度非常冷静。这与急着报仇的伍子胥有着天壤之别。

五

虽说在孙武的建议下，吴军暂时选择了后撤，但终究还会再杀回来。挑战楚国，夺占郢都，已成为吴王矢志不移的追求目标。

在吴宫中，吴王和孙武、伍子胥一起，经常会围绕伐楚而展开深入讨论。

阖闾曾向伍子胥虚心请教破楚大计。出于对楚国情况的了解，伍子胥也提出了针对性建议。楚国虽说军队人数众多，但机动性较差，而且令出多门，缺少统一指挥。由此出发，伍子胥向吴王提出了"疲楚误楚"的策略。

伍子胥指出："楚昭王尚且年幼，无力控制整个政局。楚国长期以来政出多门，没有谁能独立成为主宰，更没人能独自承担楚国的忧患。针对楚国这种情况，我们可以将吴军编为三支部队，采取轮番袭扰的方式，不断地骚扰楚国。吴军只要出动其中一支部队，就能将楚军全部吸引过来。楚军一旦出动，我军就回撤。等楚军往回退时，我们再次出击，这样来来回回，必然会使得楚军疲于奔命。只要能够不停地袭扰楚军，多方调动楚军，就能够使得对方处于疲惫之态，进而使得他们在判断上出现错觉，在指挥决策上发生失误。在这之后，我们就可以出动主力全力攻打对手，必定能够大获全胜，全歼敌军。"

吴王听了伍子胥这番高论，深以为然，心头大喜。于是，他转头询问孙武："依将军之意呢？"

孙武微微一笑："这一出疲敌误敌之计，当然非常高妙，正与我的想法完全一致。大王难道没听说有'能而示之不能，用而示之不用，近而示之远，远而示之近'的战法吗？"

阖闾猛然想起："将军曾经在十三篇兵法中提起过，寡人还是很有印象的。"

孙武接着说道："利而诱之，乱而取之，实而备之，强而避之，怒而挠之，卑而骄之，佚而劳之，亲而离之。"

"对了。这就是将军所说的'攻其无备，出其不意'的道理。寡人同样印象深刻。"

说到这里，吴王和孙武不禁会心地相视一笑。就连坐在旁边的伍子胥也受到感染。在一些重要主张和基本方略上，大家基本都能达成一致意见，这令吴王更加充满信心，令伍子胥充满期待。

相比伍子胥，伐楚重要战略决策的制定过程中，孙武无疑起到了更大作用。既然能够及时劝阻吴王发起的追击行动，说明孙武已经悄然成为伐楚之战的主心骨和设计师。伐楚之战，并没有按照伍子胥那种心急火燎的方式去打，而是顺着孙武的思路在展开，甚至是按照《孙子兵法》的战争逻辑展开。如果是按照伍子胥的思路，正犯了孙武在兵书中所批评的"怒而兴师"的大忌，一定会面临难以挽回的危险。

虽说伐楚目标已经越来越明确，基本方略也已大致确定，但是楚国毕竟实力占优，吴国与之相比，暂时处于劣势。楚国长期充当霸主，虽说眼下已经有所衰落，但毕竟还是瘦死的骆驼比马大，至少比吴国强大。无论是领土和人口，楚国都要远远超过吴国。即便是单论军队规模，楚军规模明显占据上风，不仅数量多达20万之众，而且很有实战经验。楚国都城一向也以雄伟坚固著称，易守难攻。要想打败这样一个强劲的对手，真的是有点难度。

想到这里，吴王总不免有底气不足之感，他询问孙武："我们如果兴兵伐楚，攻打郢城，就必须要深入楚国腹地，行师千里。这种劳师远征，向来就是兵家大忌啊。我们只有几万人马，要想顺利完成既定战略目标，不是一件容易的事情。"

孙武对吴楚之间的这种战略态势非常清楚。他说："我们远道伐楚，就是死地求生的战法。派出精锐之师，深入对方腹地，这种远程战略奔袭，是有机会获胜的。"

吴王感到非常新奇，又充满怀疑之情："请将军再说得详细一点。"

孙武说："到了死地作战，部队的心理状态必然发生很大的改变。被围绝境，士卒就会竭力抵抗；因为迫不得已，他们就会拼死决斗；身处危境之中，所有人都会非常顺从地听从指挥。到了这时候，士兵的作战能力一定会得到最大程度的发挥。

因为身处绝境，他们只能向死求生。军队的战斗力会由此而被最大程度地激发出来，这就叫'陷之死地然后生'。如果是以一当十，楚军在数量上的优势便不复存在。我们的军队虽然是远道而来，客场作战，但也有很大的机会能在绝境中获得重生，最终击败楚军。"

听了孙武所说这些道理后，吴王长出一口气，连连点头称是。旁边的伍子胥也笑逐颜开。此前孙武阻拦吴王乘胜追击时，伍子胥曾经无比懊恼过，也在心底埋怨过孙武，但是此刻他明白了孙武的深远用心，也对复仇之战更加充满信心，对眼前这位孙将军充满了钦佩之情。

用奇谋，胜强楚

一

虽说作战决心越来越强大，作战方法也越来越明确，但是吴王很快发现另外一个问题：楚国有很多盟友，而自己却没有。

春秋中前期，楚国在争霸战争中积聚了力量，周围聚集了一帮小的诸侯国。其中有不少是属国，也有不少实则被占领或兼并。这样的诸侯国有很多，如：庸国、微国、六国、桐国、巢国、随国、唐国、息国、杞国、舒国、郏国、沈国、陈国、蔡国、徐国……即便是与晋国、齐国等各路豪强相比，也以楚国的幅员更为辽阔。楚国和别国打仗，也总爱叫上这些盟友一起上，打群架。

吴国并没有这么多小兄弟，如果是打群架，自然会落下风。在孙武的建议之下，阖闾决定采取剪除楚国羽翼的策略。

至于具体实施方法，孙武也有设计。他的主张是"乱而取之"。因为此时楚国已经衰落，对部分诸侯国实则已经失去控制力，即便偶尔发生离乱之事，也已无暇顾及。这时候自然就是吴国乘机进军的良机。一旦时机得当，方法得当，吴军完全有机会将楚国众多帮手逐个剿灭。

楚国羽翼众多，究竟先收拾谁，这其中很有讲究。

吴王问孙武："依将军之见，我们应该从哪里入手才是？"

孙武答："我们目前最先要解决的，同时能够直接削弱楚国，能壮大吴国力量，达成此消彼长效果的有两个：一是徐国，另一个是钟吾国。它们都是楚国的属国，而且都与吴国长期为敌，还接纳了僚的两位公子。"

阖闾想起来："他们找到了避难之所。"

这之后，吴王毫不犹豫地首先对这两处发起进攻。他与孙武、伍子胥一起率军征伐，就此除去心头之患，也为伐楚奠定了基础。

依照剪除楚国羽翼的这一策略，吴军在孙武和伍子胥的指挥下，陆陆续续对楚国的属国发起进攻。公元前511年，吴国再次攻下六邑与灊邑。公元前509年，吴军又在豫章大败楚军，在攻下居巢之后才班师回国。

在孙武的建议下，吴军始终采取主动进攻之势，并没有消极地守株待兔。一旦楚国出现破绽，吴军便积极运用谋略，主动地对其重要羽翼发起进攻，逐渐完成敌我之间优劣态势的转换。

在楚国众多羽翼之中，越国担任着非常重要而特殊的角色。由于其地处吴国南方，能够对吴国形成极大的牵制，也由此而受到楚国的重点拉拢。

楚国的拉拢行为自然会引起吴国的格外关注。公元前510年，越国由允常即王位。允常雄心勃勃，不仅注意在国内积蓄实力，也试图对外结交诸侯，尤其是注意交好楚国，等待着崛起的时机。没想到，灾祸也由此而来临。

阖闾此时已经决心与楚国展开大决战，决不能允许后院起火。他在得知越国最新动向之后，先是试图使用缓兵之计，对越国进行拉拢。在遭到失败之后，阖闾迅速挥师南下，对越国发起攻击。在孙武和伍子胥的指挥之下，吴军进展非常顺利，迅速在檇李大败越军。

吴越两国之间，此前虽然也间或发生纠纷，但从未发生大规模战争。由此一役，两国遂揭开了长达数十年之久的生死相搏。非但是阖闾的命运为此发生改变，就连孙武和伍子胥也先后被卷进这巨大的战争旋涡之中而无法自拔。

越国虽然不容小视，但是眼下，孙武和伍子胥尚且还需将主要精力放在楚国方向。在他们的指挥之下，吴军正以一种非常特殊的样式出现在楚军的面前。

二

"来了，来了，吴军又打过来了……"负责侦察敌情的士兵，慌慌张张地跑到中军大帐，向楚军守将报告新发现的敌情。

楚将不敢怠慢，连忙登上城楼，果然看到大队吴军杀来。稍稍定了定神，楚将已经可以清晰地看到吴将挥舞着利剑，指挥士兵漫山遍野地冲杀过来。不一会儿，眼前已是尘土飞扬，喊杀声震天动地。吴军声势浩大，高高挥舞着的兵刃，在夕阳的照耀下，散发出令人眩晕的光芒。

看到这阵势，楚将只能立即下令做好作战准备，手下士兵也只能匆忙集结。城内早已鸡飞狗跳，孩子的哭闹声、战马的嘶鸣声、催促出征的号角声，都掺杂在一起，令所有人都感到心惊肉跳。有时候，还不等他们完全收束整齐，便已经收到出城迎敌的命令。没想到，接下的一切又令楚军感到垂头丧气：等到大队楚军气势汹汹地杀出城门时，吴军却早已没有了踪影。他们好像是路过的一阵狂风，只是为了搅乱楚军的心绪，打乱楚军的节奏。

见此情形，楚将只能无奈地摇头，放下满心疲惫，准备迎接吴军下一次的挑战。这样的情形已经不知道发生多少次了。吴军不时地对楚军发起袭扰，甚至直接逼近城下，摆出一副生死决战的架势。但是，每当楚军慌慌张张做好迎战准备时，吴军却又像一阵风似地飘走，只留下楚军一阵惊愕。

一直以来，吴军打仗从不按规矩出牌，从来没有固定套路，不择时辰，行踪飘忽。有时候是拂晓，有时候是黄昏，且来去如风。

楚军上下都为此感到头疼不已，他们不知道吴军的进攻方向到底指向何处，只能处处设防，就此陷入"无所不备则无所不寡"的窘境。

其实，吴军所采取的正是伍子胥和孙武所设计的"疲楚误楚"的战法。围绕这一战法，吴军与楚军若即若离，又不依不饶。得到机会，吴军就会扑上前去猛咬一口。得手之后，吴军很快就会消失。

就在孙武出任将军的当年，他辅佐吴王率兵攻打楚国的属国舒国。第二年，孙武又指挥吴军对楚国北部进行骚扰，攻克养城，扫除了楚国盘踞淮水北岸的势力，为日后大举伐楚扫清了障碍。经过几年试探，吴军逐渐摸清了楚军虚实，也将军事行动的规模逐步扩大。公元前508年，吴国策动桐国背叛楚国，然后又在舒城一带引诱楚军出击。这里其实已经距离楚国大本营非常接近，令楚国不能忍受。楚国就此中计，令尹囊瓦仓促之间率兵出征。孙武看到楚军已经上当，便果断指挥吴军发起突然袭击，结果在豫章一带大破楚军，并乘机攻克巢地，为日后决战创造了有利条件。

吴军利用这一战法，不仅是袭扰了楚军，而且也取得了丰硕的战果。他们利用六年时间先后袭击了楚国的夷、潜一带，基本控制了吴楚必争之地，也害得楚军疲于奔命，穷于应付。

有细心的楚将忽然之间总结出一个规律：自从楚昭王即位以来，吴军几乎每年都会对楚国进行袭扰。这种无岁不有吴师的架势，令楚军始终处于紧张而又疲惫的状态之中。如果真想与对手展开决战，吴军却又忽然之间变得渺无踪迹。这种战法，令楚将防不胜防。

吴军这种持续不断的袭扰，给楚军带来极大的困扰。楚军完全处于被动迎敌的状态之中，就像一个人想要睡觉，旁边却来了蚊子不停地袭扰，伸出手来却又打不到它，这当然非常让人心烦。

飘忽不定的战法，持续不断的袭扰，还给楚军造成了一种极大的错觉。他们误以为吴军所采取的种种军事行动，都仅仅是骚扰而已。他们相信吴军并不敢和楚军进行大规模决战，因此而放弃了应有的警惕。他们完全不知道，这正是孙武"用而示之不用"和"佚而劳之"的战法，目的正是为了麻痹楚军。

果然，时间一久，懈怠之情伴随着懒惰之气和轻敌之心，开始在楚军内部蔓延。楚国人开始在内心鄙视起吴军将士："瞧瞧你们吴国人吧，看来也只会小打小闹的游戏，到底敢不敢来进行一场决战呢，借你个胆子怕也不敢吧！"

然而，吴军一直在默默地等待战机到来。

三

公元前506年，阖闾即吴王位已经进入第九个年头，审视自己多年的政绩，他发现击败楚国的梦想仍没能实现。只有击败楚国，才能有称霸中原的机会。那些弱小的诸侯国，即便吞并再多，也不能证明什么。

吴王不免又想起刚刚即位时的豪气干云，于是再次将这个问题提出。阖闾问孙武："当初你们都说楚国是可以打败的，但是当我想和楚国决战时，你却把我拦住了，说是郢都坚固，不可轻易攻打，楚军人多势众，不好对付，需要等待时机。那么，现在呢？我们可以发起决战了吗？"

看到吴王确实已经表现出难掩的焦急之情，孙武和伍子胥仍然首先是进行劝阻和安慰。他们都异口同声地回答道："大王先别着急。机会总会出现的。楚国将军囊瓦非常贪财，唐国和蔡国都非常怨恨。大王要想和楚国进行决战，必须要得到唐国和蔡国的帮助才行。大王少安毋躁。"

没想到的是，就在吴王焦急地询问之时，决战时机就在这一年出现了。而这一战机的出现，竟是因西去吴国数百里的蔡国引起的。

早在公元前509年，蔡昭侯在朝拜楚昭王时曾进献一块玉佩和一件皮衣。楚昭王带上玉佩，穿好皮衣，设宴招待蔡昭侯。蔡昭侯本人也穿着一件皮衣，佩戴着玉佩。楚相子常看到之后，便想索要蔡昭侯的皮衣和玉佩。此举不免令蔡昭侯感到反感和不安，因此婉言拒绝。结果蔡昭侯由此得祸，被扣留楚国三年之久。

好不容易安全脱险，蔡昭侯咽不下这口恶气，于是试图借用晋国的力量在召陵组织盟会，然后集体攻打楚国。没想到的是，晋国执政大夫趁机索取贿赂，令蔡昭侯非常失望，他立即联想起贪婪的楚国人，因此立即予以回绝。晋国执政大夫自然也会因此而感到恼火，而他的态度一旦发生改变，自然无法再指望晋国出兵攻打楚国。蔡国所倡导的盟会至此算是白忙活一场。

在这次盟会中，一贯亲近楚国的沈国并没有到会，于是晋国要求蔡国灭掉它。沈国很小，很快就被蔡国灭掉。见此情形，楚国动了怒气，于是迅速出兵围攻蔡国。蔡昭侯指望晋国派兵救援，没想到晋国始终按兵不动。无奈之下，蔡昭侯以儿子为人质，向吴国求援。

当时遭遇同样命运的还有唐国，也是被迫转投吴国。唐国也是楚国周围的小国，一度被迫追随楚国。在诸侯争霸的舞台上，唐国和蔡国这样的小国，只能寻求大国的帮助才能在夹缝中生存。结果，唐国的命运也只能和蔡国一样，需要仰人鼻

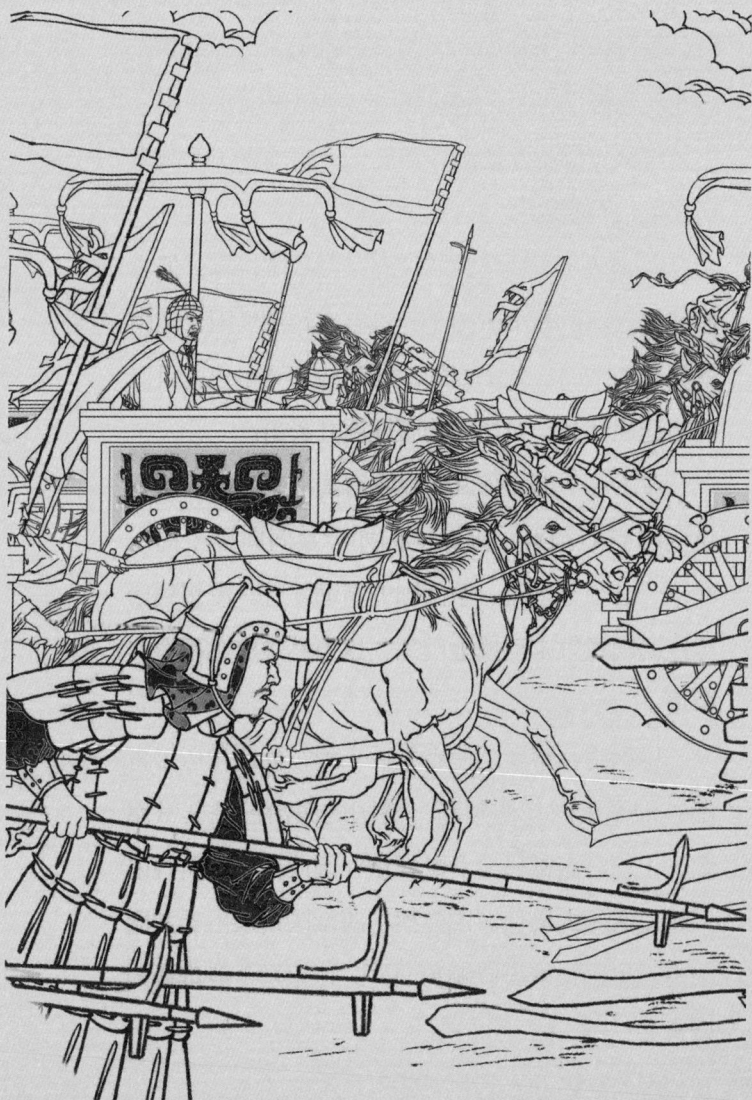

楚国出兵围攻蔡国。

息。虽说抱上了楚国的大腿，但唐国并没有得到什么实质性援助，反倒是找到个贪婪的吸血鬼。因为不满楚国持续不断的敲诈和勒索，唐国也主动跑来请吴国出兵相助。

唐、蔡两国虽然疆域狭小，且兵微将寡，但它们的战略地位非常重要。一旦它们转投吴国，楚国就会立即失去一条重要的战略防线，吴军也就可以实施迂回奔袭，对楚国的腹地展开袭击。

对于这一点，孙武早已看得清清楚楚，伍子胥也同样有所洞察，因此他们才会共同向吴王提出建议，必须寻求唐、蔡两国的帮助才行。没想到如今这两国竟然主动找上门来，这当然是求之不得的事情。

见到唐、蔡两国使者先后来到，孙武和伍子胥都立即做出同样的判断：楚国的政治已经非常腐败，上下官吏都只会贪赃枉法，因此而导致百姓陷入越发穷困的境地。既然蔡、唐两国请求出兵共同伐楚，吴国正好可以顺势而为。这正是千载难逢的好机会！

四

公元前506年的冬天，吴王根据孙武和伍子胥等人的建议，组织精锐之师三万余人，御驾亲征。阖闾委任孙武、伍子胥、伯嚭等人为将军，胞弟夫概为先锋，倾举国之兵，乘着楚国疲惫虚弱之际，发起了长距离的战略奔袭。

吴宫内外，气氛紧张起来。各级军官和披坚执锐之士都整齐列队，士气高昂地等待着吴王检阅。车夫、马夫、伙夫等各类保障人员，也都迅速就位，整装待发。在孙武的要求下，内外之费、宾客之用、胶漆之材、车甲之奉，无不安排妥当。驰车、革车以及各种辎重车，都在宫门之外整齐地排列开来，一直绵延数里。

即便是不懂军事的寻常百姓都能从这一浩大场景，预感到国家将会发生大事情。

当然，即便是内外骚动，也并非所有人都知道此次行动的意义和目的。就连身处军营的士卒，也不是非常清楚。那些知道其中内情的高级军官，也接到了保守军事机密的严令。

直觉告诉孙武，因为唐、蔡两国的这次背叛行为，令吴国可以有机会发起致命一击。但是，阖闾还是要认真地就一些关键问题向孙武询问，同时也是为自己打气。

"相比对方，我军人数还是处于严重劣势。"

"没关系，吴军死地求战，每个人都会拼死奋战，正所谓'疾战则存，不疾战则亡'。周围全是敌兵，想要在刀枪之下求生就只能拼尽力气，抱团死战。"

"我军远道伐楚，必然需要千里行军，必然消耗大量粮草，我们的运输怎么保障？"

"除了做好远道运输之外，也要注意因粮于敌。大量抢夺楚军的粮草。"

"真的要依靠唐、蔡作为先导，行军路线似乎有些绕路。"

"是的，这样才能取得意想不到的效果，这正是以迂为直的战法。虽说行军路线变远了，却比直接行动更有效果。把战线拉长了，效果反倒会更好。"

吴王和孙武慎重地就各种细节都反复进行讨

论，此战已成为吴楚之间的生死决战，只许成功，不许失败。在暮色之中，吴王用他略带嘶哑而低沉的嗓音下达了作战命令："出征！"吴军迅速朝着暮霭沉沉的楚国进发。

开始阶段，吴军严格按照孙武"以迂为直"的策略，实施大规模战略迂回。只见大队吴军沿着淮水浩浩荡荡地向西开进。在抵达安徽凤台附近后，吴军丢下战船，改成步兵继续向前快速推进。

就在大队人马稳步推进的同时，吴王和孙武又选出三千五百人的精锐之卒作为前锋，在唐、蔡两国军队的引导之下，兵不血刃地迅速通过楚国北部的几处险要关隘，神不知鬼不觉地向前穿插，一直挺进到汉水东岸，占据了先机之利。这正是"由不虞之道，而攻其所不戒也"，进攻路线完全出乎楚军意料之外。

此前，由于吴军长期袭扰楚军，令楚军不得不一直在东线严密布防。楚军将这里视为前沿阵地，当然会派出重兵把守。没想到这一次行动，吴军完全绕开这道防线，远道行军，直达楚国北部边境，而且是举倾国之兵大举来袭。吴军的行动，让楚国上下感到胆战心惊，预感到大事不妙。无奈之下，他们也只得仓促应战。慌乱之中，楚昭王派出令尹囊瓦、左司马沈尹戌、武城大夫黑、大夫史皇等人，率领着临时拼凑的军队急忙迎战。他们也都知道局势危急，于是昼夜兼程，一直全力奔赴至汉水西岸，匆忙布置防御阵地。吴、楚两军隔着汉水，形成了对峙局面。

五

大敌当前，楚军虽说因为忙乱而一度缺少章法，但如果应对得当，吴军并没有绝对的胜机。何况楚军这边也有懂军事、善指挥的能人。

在楚昭王手下，就有左司马沈尹戌这样头脑冷静、富有韬略的优秀军事将领。此刻，他也被楚王钦点，成为楚军统帅部的成员之一。

汉水西岸的楚军大营中，早已经乱成一锅粥。沈尹戌率先开口，提出了自己的作战建议："吴军远道而来，兵力不足，后勤补给也难以为继，一定无法持久保持战斗力。"

"依你之见，应该如何迎敌呢？"虽是征询意见，但统帅囊瓦的面部流露出的却是不屑。

"依末将之意，我们应该对吴军实施前后夹击。我们的主力在正面牵制吴军，末将可以率领军队迂回到吴军侧后方，找准时机发起攻击。一旦得手，我们的主力从正面掩杀过去，必定能够一举击败吴军。"

囊瓦虽然不服气，但他看到沈尹戍的建议获得帐中诸将的普遍认可，而他自己又说不出个所以然，便立即下令："就按照左司马的建议，兵分两路，前后夹击。"

沈尹戍提出的其实是一个非常高明的作战方案，因此才能获得众将领的一致赞同，也因此而有机会付诸实施。没想到，计划不如变化快。楚军主帅囊瓦因为贪功，擅自改变了既定作战方针。他没等沈尹戍的军队到达指定作战地点，就克制不住冒险求战之心，匆忙指挥军队抢先渡过汉水。

在汉水东岸，吴王和孙武密切关注着对岸的敌情。当他们看到楚军抢渡汉水，便立即就指挥军队后撤，将楚军引向伏击圈。囊瓦看到吴军尚未接阵便已经向后退走，他的内心开始膨胀。

囊瓦天真地以为吴军怯战，于是指挥大军一路猛追过去。没想到在大别山一带，他所率领的主力部队遭到吴军的连续伏击。吴军因为抢先占据有利地形，因此可以对楚军形成致命袭击，令楚军损失惨重。沈尹戌的军队未能到达指定作战地点，也已无法及时进行营救，楚军上下士气非常低落。

到了此时，彻底击败楚军的机会已经来临。孙武当机立断，下令吴军与敌展开生死决战。十一月十九日，吴军在吴王和孙武的指挥下，在柏举地区与楚军展开了最后决战。

阖闾的弟弟夫概是一位血气方刚、富有勇力的年轻将领。当他看到楚军士气已衰，自然会立功心切。他立即向阖闾请命，希望带领军队即刻出征，结果遭到吴王的断然拒绝。夫概的内心愤愤不平，以为吴王不愿给自己立下头功的机会，于是率领所部五千人贸然发起攻击。

楚军那边，因为囊瓦求战心切而落败，吴军这边却不然。夫概的贸然出击，意外地打乱了楚军的部署。

夫概当面攻击的正是楚将子常。子常不仅是贪生怕死之徒，而且指挥乏术，迅速落败。子常在战败之后，不敢再回楚国，而是逃往宋国。吴王和孙武则乘机指挥吴军主力迅速投入战场，继续扩大战果。囊瓦所率主力受到沉重打击，一路丢盔弃甲。军队人数占据绝对优势，却落得如此下场，囊瓦同样不敢再回到楚国，只好丧魂落魄地逃往郑国。

剩下的楚军只能狼狈地四处溃逃，吴军则全力展开追击。在柏举西南的清发水一带，士气旺盛的吴军追上了楚军。当时，残存的楚军正忙于渡河，见此情形，吴军抓住时机，发起猛烈攻击，令楚军再次遭受沉重打击。曾经不可一世的楚军至此全线溃败，郢都彻底暴露在吴军面前。

六

楚国的国都郢城，一向以城高池深闻名。但是，当囊瓦的主力部队灰飞烟灭之后，它已经变得摇摇欲坠。吴王和孙武指挥着吴军继续深入敌境，取得五战五胜的佳绩。吴军士气高昂，一路势如破竹，直逼郢都城下。守城将士看到大势已去，都弃城逃跑。

楚昭王眼见形势不妙，立即逃到云梦。正所谓虎落平阳被犬欺，云梦人从未见过楚王，并不知道眼前逃难之人正是楚王，甚至用箭射伤了他。楚昭王只得再次逃往郧国。

郧公的弟弟得知楚昭王来了，意外地感到非常兴奋。他对郧公说："当初正是楚平王杀死了我们的父亲，如今我们乘机杀死他的儿子，岂不是正好遂了天意？"

听到这话，郧公吓了一跳，连忙阻止，但他知道弟弟还是会寻找机会报仇，于是就和楚昭王一起逃到了随国。

吴王也听说了这一消息，于是立即挥师西进，攻打随国。他对随人说："当初那些被封长江、汉水一带的周王室子孙，差不多都被楚国消灭殆尽。"随君于是动了念头，想杀死楚昭王。楚昭王有位随从叫子綦，他把楚昭王隐藏起来，然后对随人自称是楚王，让随人将他交与吴国。

究竟是送还是不送，随人进行了占卜。占卜之后的结果是不吉利，于是随人向吴王说："楚昭王早就逃跑了，已经不在我们随国。"对于这些话，阖闾并不相信，随即派兵前往搜索，但遭到了随人的严词拒绝，吴军只得暂时后撤。

在经过多日艰苦作战之后，吴军终于取得胜利，他们想找个渠道发泄情绪。结果就在楚国烧杀抢掠，干了不少坏事。这些恶行，当然会惹恼楚国人，也永久地记录在历史的耻辱柱上。

至于伍子胥，他念念不忘的是另外一件事，就是四处搜寻楚昭王。但是，他始终也没有找到。找不到仇人，伍子胥多少有点泄气，但他很快就找到了发泄的渠道，他命人挖开楚平王的坟墓，拖出尸体，一直鞭打三百下才罢手。

伍子胥有个好朋友叫申包胥，当初，伍子胥在逃跑时曾对申包胥说："我一定要覆灭楚国！"申包胥则坚定地回应："我一定要保全楚国！"而且咬牙切齿的，曾经的好朋友就此分道扬镳。

申包胥在看到吴军攻入郢都之后便逃往山里，但他还是派人对伍子胥说："你这样报仇，未免也太过分了！你原来是楚平王的下臣，即便是有再大的仇恨也不能这么做啊。如今这种复仇方式，简直是伤天害理到了极点！"

听了来人的劝告，伍子胥微微一笑："请你替我向申包胥致歉，我年事已高，报仇心切，看着前路却遥遥无期，所以才做出这种倒行逆施之事。"

申包胥和伍子胥本是至交。

如今楚国果真到了将要灭亡的境地，申包胥出马了。他只身一人跑到秦国，向秦国人苦苦求救，而且求救的方式非常特别。他在秦廷之上日夜痛哭，七天七夜都没有中断。这种架势令秦哀公终于心生怜悯之情，他说："楚平王是个无道昏君，也活该亡国，但没想到楚国现在竟然有这样忠贞的大臣，还是保全下来吧。"在这之后，秦国派遣精锐之师火速南下，全力援救楚国。

秦国派出的五百辆战车迅速抵达楚国，随即便向吴军发起攻击。吴军经过连续作战，早已非常疲惫，结果在稷地被秦军打败。由于吴军在楚国长期烧杀抢掠，也引发了当地民众的奋起反抗，形势已经对吴军非常不利。不仅如此，越国也乘机在背后发起袭扰，大军正逐渐紧逼吴都。

申包胥来到秦宫日夜哭诉，终于使得秦王发兵救楚。

更为不利的坏消息还在传来。因为吴王长时间留在楚国，他的弟弟夫概乘机回到国内自立为王。听到这一消息后，阖闾不敢怠慢，立即宣布撤军，改而全力攻打夫概。夫概寡不敌众，兵败之后，逃到了楚国。楚昭王得知吴国发生内乱，立即率兵打回郢都，并把堂谿封给夫概。楚军再次面对疲惫的吴军时，忽然变得无比英勇。眼看己方已经处于劣势，阖闾只得下令撤军。

七

随着吴军的全线撤退，吴王和孙武谋划多年的伐楚之战终于暂时宣告一个段落。但是，吴楚之间的恩怨还会长久地持续下去。

因为唐国成了吴国的引导，楚昭王复国之后，立即挥师灭了唐国。眼看楚昭王重新回到郢都，也对唐、蔡施以重拳，阖闾不敢怠慢，随即再次指挥吴军攻打楚国。楚昭王非常担心吴军卷土重来，只得再次被迫离开郢城。

"这该死的吴军，什么时候肯消停下来呢？"

楚昭王在内心愤愤地骂道，但也无法改变现状。为了自保，他已经动起了迁都的念头。

孙武和吴王仍在时刻关注局势的变化。吴国在崛起过程中，需要长期面对楚国的挑战。经过伐楚之战的试探，孙武显然已经对诸侯之间复杂难解的关系有了更深的体察。楚国即便是都城被占，却因为有秦国的出手援助，仍然令吴国无计可施。

大战之后，孙武对很多兵法原理重新进行思考。虽说客场作战，死地求生这些作战原理，经过了实战的检验，具有一定的可行性，楚国几乎被吴军灭亡，但吴国却没有办法乘胜追击，反倒是陷入进退失据的困境。

这到底是为什么呢？吴军为什么忽然陷入进退失据的窘境呢？孙武不能不对此进行反思。

孙武首先想到的是战线过长，战争持续太久，而且是长期处于客场作战。由此出发，他更加相信速战速决的好处。"兵贵胜，不贵久"，速决战需要始终坚持。他更加相信"久则钝兵挫锐"的道理。长久在外用兵，必然会导致补给的困难，士气慢慢衰减，诸侯也会乘其弊而起。这就是吴军后期面临窘境的主要原因。到了这时候，即便是有智能之士，仍然无法做好善后，这就叫作"兵久而国利者，未之有也"。

吴军在楚国的所作所为也值得反思。因为孙武和伍子胥的出色指挥，吴军在楚国的战事推进得无比顺利。因为主张因粮于敌，只能默许吴军上下四处抢劫，军队声誉由此而败坏。伍子胥也因为复仇心切，四处追杀仇人，甚至会大量滥杀无辜，以至最终做出了鞭王尸等激烈之举。当时的伍子胥，无论做出什么举动，别人都已经无法劝阻。但是，所有这些行为，都会令吴军四处树敌。

不光是伍子胥，整个吴军上下在楚国都已经像着魔一般，四处烧杀抢掠，明显地置己于不义。这些恶行令孙武感到无比懊悔。他不得不反思因粮于敌的得失。就地补给的特殊措施，虽解决了吴军的实际困难，却也会带来其他麻烦。

总有失误之处需要反省，孙武不停地扪心追问。吴军最大的失误也许就在于"不修其功"。因为暂时取得了胜利，成功攻占了敌国的城邑，吴军上下忘记了修道保法的重要性，没有尽最大努力去巩固胜利成果，而是四处留下祸患。这种情况一旦出现，就会必然导致师老兵疲。故此，吴军虽留下破楚入郢的壮举，却也有狼狈后撤的尴尬。

恩仇与功过

一

在遭遇短暂的挫折之后，阖闾和孙武都进行了认真的反思，重新分析争霸形势，为吴国重新把脉。

楚国虽凭借秦国的援助得以侥幸复国，但毕竟元气大伤，短时间之内无法对吴国构成严重威胁。因此，如果运作得当，战略方针制定合理，吴国君臣完全可以实现争霸中原的目标。

当然，究竟是先向北，还是先向南，这着实需要他们进行认真研究。在复杂的局势之下，吴军还是要找准正确的主攻方向，努力避免多线作战，以免陷入被动局面。

在即位之初，阖闾目标宏大，不仅是南服越人，同时也要力争达成北威齐、晋，称霸中原。眼下虽说遇到一点波折，但吴国毕竟通过伐楚之战证明了自身实力。

在孙武和伍子胥的劝慰和辅佐之下，阖闾决心重新走上称霸中原的道路。既然强大的楚国可以被吴军所击败，放眼宇内，吴军一定可以击败任何对手。

当然，自信和自大之间，有时只存在着毫厘之差。前期的阖闾是自信的，但是，渐渐地，他就变得自大起来。

起初阶段，阖闾对伍子胥和孙武基本能做到言听计从，对他们设计的战略方针等也大多采纳，吴国因此才能在成功击败强楚之后，又基本降服了南方的越国，同时也威镇北方的齐国和晋国，为称霸中原打下了非常不错的基础。但是，等到后来阖闾渐生骄奢之气，局势便随之而发生变化。由于阖闾的狂妄自大，吴国的霸业呈现出高开低走之势。

既然想南服越人，越国自然就成为吴国的新对手。当时的越国日渐展露出强劲上升的势头，想要彻底制服它，并不容易。在此之后，吴越先后成为争霸舞台的主角，共同书写了一段跌宕起伏的恩仇录。在双方争斗的早期，吴国君臣目标一致，同心协力，因此能够相对占据上风。为了防止越国的崛起，吴国除了陆续发起小规模的战争之外，还努力构筑了坚固的防线。他们不仅是下大力气构筑城墙，同时也努力训练军队，并大力改良部队的装备。加上孙武和伍子胥出色的指挥，此时的吴军凛然不可侵犯。越国对吴军虽说蓄谋已久，却始终奈何不得，并不敢越雷池一步。

吴越之间生死对决的局势之所以会发生转换，基本是因为阖闾而引起。在攻破强楚之后，阖闾已经志得意满，面对越国时所呈现明显的优势地位，更令他渐生安逸享乐思想。

心态的改变非常致命。阖闾忽然之间就像变了一个人一样，渐渐将当初的理想都置之脑后。他不仅大兴土木，挥霍无度，而且声色犬马，固执己见，对于孙武和伍子胥等人的忠言劝谏，也从来不会放在心上。阖闾和吴国的祸患便由此而至。

公元前496年夏天，阖闾在位已有十九个年头，越王允常忽然传出病危的消息。越国的坏消息就是吴国的好消息，允常的病危，自然会令阖闾心头产生一阵窃喜。

允常是阖闾的老对手，与阖闾之间曾多次爆发冲突。出手最重，同时也最令阖闾添堵的一次，正是发生在吴军大规模伐楚期间。当时，吴军在楚国的战争正进行得顺风顺水，没想到越国军队忽然在背后捣起乱来。原来，越王允常看到吴国大举出征，后方守备空虚，便乘势出击，一直迫近吴国都城。此举令阖闾吃惊不小，连忙撤军。

如今老对手病危，自然令阖闾长出一口恶气。不久之后，阖闾就听到了允常去世的消息，他立即也做出了乘势进兵的决定。在他眼中，继位的句践太过年轻，因此正是袭击越国的大好时机。于是，阖闾不顾伍子胥和孙武的劝阻，决定御驾亲征，仓促出兵，攻打越国。

越王句践得知吴军大举来袭的消息后，并没有惊慌失措。他立即率兵在檇李一带积极迎战。双方接战之后，句践多次派出敢死队挑战吴阵，结果全部遭到失败。无奈之下，他只得使出奇招：派出一队犯下死罪的囚徒。这些死囚来到吴军阵前，并不是冒死冲向敌阵，而是忽然举剑自刎。这一行为让吴军大惑不解，越军则趁着吴军松懈之机发起猛烈攻击，就此打败了吴军。

更加糟糕的是，越国大夫还在乱战之中斩落了吴王阖闾的脚趾。主帅受伤，吴军被迫匆忙撤退。吴国大军才退出去七里地，阖闾的伤势已经变得非常严重，而且令太医都感到束手无策。死神从来不会将任何人放过，此刻他正在一步步逼近阖闾。

在临死之前，阖闾忽然意识到吴国将要面对的是一个非常棘手的劲敌，但他对太子夫差仍然充满信心，认为他一定可以击败句践，重新夺回曾经的优势。

枯黄的灯光下，阖闾挣扎着坐了起来，喘息良久，然后用微弱的语气询问夫差："你能忘掉句践的杀父之仇吗？"

只见夫差诚惶诚恐地跪拜在地，高声回答道："儿臣一定不敢忘记。"

夫差坚定的语气令阖闾感到非常满意，他微微地点了点头，随即就闭上了眼睛。气若游丝的他，已经说不出任何话来。

当天晚上，阖闾就因伤势过重而死。夫差忍住悲伤，抬起头来，对着繁星点点的夜空长啸一声："我要报仇！"

二

起初阶段，夫差确实一心想的都是复仇，吴国上下都受到感染。

夫差的吴国，已经与阖闾的吴国大不一样。虽说阖闾攻陷郢都的壮举，已经足以震慑齐、晋，但吴国真正实现北威齐晋的壮举，还要等到公元前484年。这些壮举，其实都是在夫差手中完成的，孙武也有参与谋划之力。当时，吴军在艾陵一带大败齐军，活捉了齐将国书，并在一年之后与晋定公争夺盟主。新王一度带来了新气象，假如阖闾地下有知，一定会感到非常欣慰。

没想到的是，夫差的执政生涯与阖闾非常相似，同样呈现出高开低走之势，同样令人唏嘘不已。

夫差继位之初，始终牢记父亲的遗志，致力于发展经济扩充实力，积极进行战争准备。孙武见到这一气象，不胜欣慰，便决心和伍子胥一起，继续全力辅佐夫差，希望吴国继续走向强盛之路。

没想到的是，夫差摆脱不了"一朝天子一朝臣"的政治怪圈，当初受阖闾重用的老臣伍子胥，此时并不受夫差的青睐。

受到夫差重用的是另外一位楚国人伯嚭。为了复仇，夫差任命伯嚭为太宰，加紧训练士兵。三年后，夫差就发起了伐越之战。吴军上下同仇敌忾，越军惨败。越王句践的身边只剩一些残兵败将，而且躲在会稽山上不敢露头。考虑再三，句践派出大夫文种用重礼收买伯嚭。他们卑躬屈膝地向吴国求和，甚至答应君臣上下都做吴国的奴仆，心甘情愿地侍奉吴国人。

夫差在伯嚭的劝说下，准备接受这一请求。伍子胥听说之后，连忙加以劝阻："越王句践能够含辛茹苦，忍受别人无法忍受的痛苦，所以一定不能轻视。请大王乘势一举歼灭他们，以免今后生出后患。"只可惜吴王听不进去伍子胥的这番规劝，而是对伯嚭言听计从。

夫差不仅接受了越国的求和之请，也完全忘记了父亲阖闾的临终嘱托。放过惩处句践的这一良机，夫差收获了难堪的灾难，吴越相争的形势也在悄然发生改变。

数年之后，吴王听说齐国那边齐景公去世，众大臣争权夺利，新君软弱可欺，是个难得的用兵良机，于是决定出动军队攻打齐国。

夫差突发奇想，攻打的正是孙武的父母之邦，对此，他不便发表意见。

虽说身在吴国多年，但孙武对齐国的局势发展始终非常关注。此时的齐国究竟能不能攻打，吴军到底有无获胜的机会，孙武其实并没有多少把握。不仅如此，虽然田氏家族在齐国现下呈现上升势头，但吴军的获胜或落败，对他们家族的命运将会产生什么样的影响，孙武更是心中没底。

就在此时，伍子胥匆匆忙忙地向夫差表达了自己的观点。他苦苦相劝："句践吃饭都从来不要两味荤菜，一直通过各种方式收揽民心，这明显是要有所作为的架势啊。这人不死，就一定会成为吴国祸患。如今，大王您不先铲除越国这样的心头之患，却一心致力攻打齐国，这岂不是非常荒谬？"

此时的夫差，根本听不进伍子胥的规劝。只见他眉毛紧锁，怒道："不行，寡人心意已定，即刻起兵！"

既然夫差执意攻打齐国，孙武作为将军，也只能受命出征。吴军眼下并不会和他的家族发生直接对抗，也许还会帮助他们消灭竞争对手，这样的战争对于孙武而言，并不是最坏的选择。

在攻打齐国的过程中，孙武的积极谋划对战争进程起到了重要的影响。结果，吴军在艾陵一带将齐军打得大败，令邹国和鲁国的国君都感到恐慌。

夫差志得意满地率兵回国。在这之后，他更听不进伍子胥的任何建议了。

三

越国这边，复仇的火焰同样在四处燃烧。所有的男人都在忙着耕种和训练，所有的女人都在忙着生育、采桑织麻。这些不同寻常的举动，当然都是为了针对吴国。他们在句践的带领之下，全力以赴地准备复仇之战。局势正如伍子胥所预料那样，迅速朝着对吴国不利的方向发展。

也许是在伐齐的过程中尝到了甜头，收获了自信，夫差忽然喜欢上北伐，于是连续对齐国用兵。此时，句践不仅忙着带领越国群臣朝拜夫差，而且陆续献上丰厚的贡礼。句践的反常之举令伍子胥感到无比害怕，他再次劝谏夫差："越国是我们的心腹大患，我们不去处置，却连续向北用兵。虽然战胜齐国，却等于占领了一处满是石头的田地，毫无用处。"

虽说态度诚恳，但夫差还是听不进去，不仅听不进去，他还派伍子胥作为使者出使齐国。伍子胥由此而彻底心灰意冷，借着出使的机会，他把儿子带到齐国避难，并且委托给了鲍氏。

正是这一举动彻底惹恼了吴王，他立即赐剑令伍子胥自杀。

伍子胥最终没能摆脱功臣遭到冤杀的悲惨命运。作为楚国人，他始终为吴国的兴盛而鞠躬尽痒，但赤胆忠心不仅不被夫差所察，反而获此大祸，当然会失望透顶。他充满怨气地说道："请你们在我的坟头种上梓树，等它长到可以制器的时候，吴国就会灭亡了。也请把我的眼睛挖出来，放在吴都的东门之上，让我可以亲眼看到越国是怎么样灭掉吴国的。"

逼死伍子胥，夫差没有流泪，但是，当他听说齐国大夫鲍氏杀死齐悼公，却在军门之外痛哭了三日，然后再次从海上进兵攻打齐国。这一次，齐国军队众志成城，击败了吴军。

但是，夫差并不会轻易放弃称霸中原的梦想。公元前483年，他成功胁迫鲁、卫两国国君在橐皋盟会，满足了一次充当盟主的欲望。一年之后，夫差又与诸侯在黄池盟会，继续追逐称霸中原的梦想。

就在夫差忙着举办盟会期间，越王句践派出大军讨伐吴国。越国军队长驱直入，深入吴国腹地，还俘虏了吴国太子友。后方失守的消息传来，夫差感到非常震惊。他担心消息泄露，其他会盟的诸侯更不买账，于是就把知道这些消息的人全部当场杀死。

当时与夫差争夺盟主之位的是晋定公，二人在盟会上争执不下。

夫差充满霸气地说道："在周室的宗族之中，以我们的祖先排行最高。"

晋定公则冷冷地回应道："在姬姓诸国之中，只有我们晋国当过霸主。"

就在二人僵持不下的时候，晋国大夫赵鞅出现了。只见他怒气冲天地对夫差发起攻击，此举镇住了夫差。由于担心受到攻击，夫差只得做出让步，当盟主的梦想最终还是破灭了。

夫差闷闷不乐地回到吴国，没想到还有更大的灾祸在等待着他。此后，句践连续出兵攻打吴国，并最终俘虏了夫差，一雪前耻。曾经卑躬屈膝的句践，此时摆出一副成功者的姿态。他先是长出一口恶气，然后傲慢地对夫差说："如果你投降的话，可以在甬东给你留一块地。"

很显然，句践想对夫差竭尽羞辱之能事，把当年所受的种种屈辱还回去，结果遭到了夫差的断然拒绝。

面对曾经的手下败将，吴王满脸不屑地说道："我的年岁已高，已经不能侍奉越王了。"这句话明显是在讥讽句践当初的卑躬屈膝。

句践当然不愿意直接回应，夫差接着充满愤懑地说道："沦落到今天这般地步，我最后悔的是当初没有听伍子胥的劝告，否则哪里会有小人得志的机会。"说完这句话，夫差便伏剑自杀了。

为了复仇，句践卧薪尝胆，经历了千辛万苦。终于，他亲手灭掉了吴国。

四

在伍子胥自刭之后，孙武不免为自己的命运和前途感到担忧。

对于伍子胥的悲惨遭遇，孙武当然会深表同情，但他无能为力。在夫差眼中，孙武其实是伍子胥的同党，同样对其充满了戒备之心。

对于吴国的遭遇，孙武爱莫能助。因为自己全力以赴的辅佐，这个偏居一隅的小邦曾经威震天下，令中原诸侯臣服。然而此时，它正在加速衰落，等待它的将是万丈深渊。

吴国政坛发生的种种变化、伍子胥所遭遇的不幸，都逼迫着孙武为自己的日后做出打算。

孙武首先想到的是尽快离开吴国，刚愎自用的夫差，显然已经容不下任何人的真诚劝谏。但是，他能走得了吗？已经展示出一副卸磨杀驴德行的夫差，会轻易放过他吗？而且，即便是能够走脱，他又能往哪里走呢？

吴国显然已经留不得了，留在这里，他只能成为夫差的殉葬品。至于越国和楚国，也不大可能会收留他，即便是暂时收留了，也会充满凶险。不仅因为它们是吴国的宿敌，更因为孙武曾全力辅佐吴国打败过它们。至于晋国，孙武早有预测和分析。在中衰之后，晋国的执政大夫你争我夺，局面早已乱如麻，甚至面临着分裂的危险。秦国，或者再往西，属于蛮荒之地。越国，或者再向南也已无路。

想来想去，可能还是回到齐国更为可行。虽说鲍氏和田氏之间的争斗已进入白热化，鹿死谁手，很难预料，可那里毕竟是自己生长的故乡。

但是，在乱世之中，谁也无法主宰自己的命

运。他可以将安国全军的理论分析得头头是道，而且令天下人为之折服，但他却无法保全自己，找不到出路。

在伍子胥死后，朝臣都已经陷入人人自危的状态。自保尚且无暇，更没有人会注意到孙武的想法和去向。因此，关于孙武，不久之后就有很多说法流传出来：有人说，他已被夫差残忍杀死；有人说，曾在姑苏城南的某座山里撞见过他；还有人说，他已悄悄地回到了齐国……

其实，谁都不知道孙武究竟去了哪里。一切都只是道听途说而已。当然，有一点倒是可以确信：孙武所著十三篇兵法并没有散佚，始终被世人传诵。

当时光逝去一百多年，齐国又涌现出一位杰出的军事家孙膑。他出生在阿城和鄄城一带，正是孙武的后人。

孙膑的出生令很多人相信，孙武在吴国面临大祸时，就已经及时回到了齐国，而且还将他的兵法传给了后代子孙。因为从孙膑这里，无论是所著兵书，还是指挥作战，都可以明显看到孙武的影子。

《孙子兵法》永传后世。

孙武

生平简表

●◎约齐景公十二年（前536）

孙武出生于齐国。

●◎约齐景公三十一年（前517）

孙武辗转投奔吴国。

●◎吴王僚十二年（前515）

公子光发动政变，杀死吴王僚，即位成为吴王阖闾。孙武遂
有机会获得吴王重用。

●◎吴王阖闾三年（前512）

吴王率领孙武和伍子胥一起，拉开伐楚之战的序幕。在取得初步胜利之后，吴王准备乘胜追击，孙武鉴于当时敌我态势和力量对比，以"民劳，未可"为由，苦口婆心地对吴王进行了谏阻。

●◎吴王阖闾七年（前508）

孙武指挥吴军，于豫章一带大破楚军，并乘机攻克巢地，使得楚军丧师失地，为日后破楚入郢奠定了基础。

●◎吴王阖闾九年（前506）

孙武和伍子胥共同发起伐楚的决战，取得了五战五捷的辉煌战果，给了楚国以致命打击。